Beck'sche Schwarze Reihe
Band 103

RICHARD R. POKORNY

Grundzüge der Tiefenpsychologie

Freud – Adler – Jung

VERLAG C. H. BECK MÜNCHEN

Die Originalausgabe dieses Buches ist in hebräischer Sprache im Verlag
Am Oved Limited, Tel-Aviv, erschienen.

ISBN 3 406 04903 6

Einbandentwurf von Rudolf Huber-Wilkoff, München
© C. H. Beck'sche Verlagsbuchhandlung (Oscar Beck), München 1973
Druck: Georg Appl, Wemding
Printed in Germany

DEM ANDENKEN
AN BÖZSI

INHALT

SIGMUND FREUD UND DIE PSYCHOANALYSE

1. Sigmund Freuds Leben und Werk 9
2. Die Lehre vom Unbewußten 15
3. Die Fehlleistungen 24
4. Die Traumdeutung 29
5. Libido, Sexualität 32
6. Der Witz 37
7. Die Trieblehre. Das Lustprinzip und das Realitätsprinzip 41
8. Die Charakterlehre. Das Es, das Ich, das Über-Ich 45
9. Die erste (orale) Kindheitsstufe 51
10. Die zweite (anale) Kindheitsstufe 55
11. Der Ödipus-Komplex und der Narzißmus 62
12. Die Neurosenlehre 74
13. Einiges über die Therapie der Psychoanalyse . . . 79
14. Gedanken zur Handschrift Sigmund Freuds 82

ALFRED ADLER
UND DIE INDIVIDUALPSYCHOLOGIE

1. Alfred Adlers Leben und Werk 87
2. Das Machtstreben 90
3. Die Lehre von der „Leitidee" 94
4. Der „ichhafte" Mensch 100
5. Die Rolle der Gesellschaft 104
6. Unterschiede und Gemeinsamkeiten zwischen Psychoanalyse und Individual-Psychologie 109

CARL GUSTAV JUNG
UND DIE ANALYTISCHE PSYCHOLOGIE

1. C. G. Jungs Leben und Werk 115
2. Jungs Lehre vom Unbewußten 120
3. Die Lebensenergie oder „Libido" 139
4. Die „Persona" 142
5. „Projektion", „Imago", „Animus" und „Anima" . . 145
6. Die Methoden Jungs. Übertragung. Traumdeutung . 149
7. Jungs psychologische Typen. Introversion und Extraversion 154

Abschließende Bemerkung 163

SIGMUND FREUD

UND DIE PSYCHOANALYSE

1. Sigmund Freuds Leben und Werk

Sigmund Freud, der Begründer der Psychoanalyse, wurde im Jahre 1856 in Freiberg, einer kleinen Stadt in dem damals zu Österreich gehörigen Lande Mähren (jetzt Tschechoslowakei) als Sohn jüdischer Eltern geboren.

Seine väterliche Familie soll lange Zeit in Köln am Rhein gelebt haben und von dort vor den Judenverfolgungen nach dem Osten geflohen sein. Von Litauen wanderte die Familie Freud im 19. Jahrhundert über Galizien nach dem deutschsprachigen Österreich. Im Jahre 1860 kam die Familie mit dem vierjährigen Sigmund nach Wien, der Hauptstadt der damaligen österreich-ungarischen Monarchie. In Wien besuchte Freud die Schule und in Wien begann er im Jahre 1873 seine Studien an der medizinischen Fakultät der Universität.

Damals schon herrschte um ihn, besonders aber unter den Studenten, eine sehr judenfeindliche Einstellung, die teilweise auch bei den Professoren merkbar war. Freud erzählt in seiner „Selbstdarstellung", daß er es entschieden ablehnte sich als minderwertig zu fühlen und daß er ohne Bedauern darauf verzichtete, als Angehöriger des deutschen Volkes zu gelten, was ja damals der höchste Wunsch der meisten Juden war. Im Jahre 1881 erwarb Freud den Titel eines Doktors der Medizin. Er begann zunächst als Assistenzarzt für interne Medizin zu arbeiten, ging dann aber bald zu der weniger praktischen Beschäftigung mit der Gehirnanatomie über. Er hatte schon während seiner Studentenzeit sich mit besonderer Vorliebe mit der Physiologie beschäftigt. In dieser Zeit veröffentlichte er eine Reihe von wissenschaftlichen Arbeiten auf dem Gebiete der Neurologie. Doch stand damals die rein körperliche Neurologie und noch lange nicht die Psychologie im Zentrum seines Interesses.

Es ist interessant, daß der junge Freud damals auch die Wirkungen des Kokain studierte. Er setzte diese Arbeiten aber nicht fort, hauptsächlich deshalb, weil seine Verehelichung ihn davon abhielt. Er empfahl aber ärztlichen Freunden, die medizinische Verwendung des Kokains weiter zu prüfen. Aus seinen Vorarbeiten und seinen Empfehlungen ergab es sich innerhalb weniger Jahre, daß das Kokain als schmerzstillendes Mittel in der Heilkunde, namentlich in der Chirurgie, allgemein und in segensreichster Art angewendet wurde. Es ist nur wenig bekannt, daß also Freud der eigentliche Entdecker des Kokains für die Medizin gewesen ist.

Im Jahre 1885 wurde Freud Privatdozent für Neuropathologie an der Wiener Universität. Ein festes Gehalt war damit nicht verbunden. Er erhielt vielmehr für seine Vorlesungen nur das, was seine Hörer dafür bezahlten. Bald nach seiner Habilitierung als Privatdozent erhielt er ein Stipendium, das ihm ermöglichte, nach Paris zu gehen und dort bei dem damals weltberühmten Nerven- und Irrenarzt Charcot zu arbeiten. Vor allem beschäftigte er sich mit Hypnose und mit der Hysterie, für deren Erforschung Charcot bahnbrechend war.

Nach seiner Rückkehr nach Wien ließ sich Freud als Nervenarzt nieder und heiratete. Als er in der Wiener „Gesellschaft der Ärzte" über seine Studien Bericht erstattete, traf er auf eine sehr ablehnende Haltung. Hysterie galt in dieser Zeit allgemein – also auch unter den Wiener Ärzten – nicht als Krankheit, sondern als eine Simulation. Freuds Anschauungen wurden schon damals teils abgelehnt, teils nicht ernst genommen. Das führte dazu, daß er in seiner ärztlichen und in seiner wissenschaftlichen Arbeit und vor allem natürlich an der Universität selbst den größten Widerstand erfahren mußte. Es ist kennzeichnend, daß er erst zwanzig Jahre später, als er schon weltberühmt war, den Titel eines Universitätsprofessors erhielt, aber nur den eines Extraordinarius, und auch das nur, weil sich eine sehr hochgestellte dankbare Patientin dafür energisch eingesetzt hatte. Die Universität Wien war nicht bereit, seine damals schon in der ganzen Welt verbreitete wissenschaftliche Leistung anzuerkennen.

Erst nach der Rückkehr Freuds aus Paris beginnt sich in ihm sein eigentliches Lebenswerk, die wissenschaftliche Psychoanalyse, vorzubereiten. Weder Name noch Begriff dieser Wissenschaft bestand damals schon. Freud hatte mehrere Jahre hindurch mit dem sehr angesehenen Wiener Arzt Dr. Josef Breuer zusammengearbeitet und als Ergebnis dieser gemeinsamen Arbeit im Jahre 1895 zusammen mit Breuer das grundlegende Buch „Studien über Hysterie" veröffentlicht. Bald aber trennten sich die beiden, und Freud ging von da an seinen wissenschaftlichen Weg allein. Freud hat niemals die wichtige Bedeutung Breuers für seine wissenschaftliche Entwicklung geleugnet. Doch war Breuer nicht bereit, mit ihm weiterzuarbeiten. Trotz seines unbestreitbaren und unbestrittenen Verdienstes um die Anfänge der neuen Wissenschaft hat Freud die entscheidende Rolle dabei gespielt. In harten Jahren einsamer, von der ärztlichen Welt mit Mißachtung und Hohn verfolgter Pionierarbeit, ohne die Hilfsmittel einer Klinik, baute Freud Schritt für Schritt seine Anschauung und seine Methode aus.

Ursprünglich hatte er, noch mit Breuer zusammen, sich der Hypnose bedient, um den Patienten zur Äußerung seines Unbewußten zu veranlassen. Doch bald erwies sich diese Methode als unzulänglich und sogar als bedenklich. Freud vollzog den entscheidenden Schritt zur Methode des „freien Einfalls" und verzichtete auf die Hypnose. Die Sachverhalte des Unbewußten, der Verdrängung, des Widerstandes wurden von ihm erkannt und selbständig erforscht. Von der Analyse Erwachsener ausgehend wurde er dazu gedrängt, eine Sexualität des

Kindes anzunehmen. Er hat nicht von vornherein die Zeit der Kindheit sexualisiert, wie man ihm immer vorwirft, und hat auch niemals die kindliche Sexualität so verstanden wie die des Erwachsenen.

Er erkannte bald die Bedeutung der Träume, um die sich die Medizin bis damals noch nicht gekümmert hatte. Es wurde ihm klar, daß die Deutung der Träume der bedeutsamste Weg zur Aufdeckung und zum Verständnis des Unbewußten sei. Im Jahre 1900 veröffentlichte er sein Buch „Die Traumdeutung". Auch die häufigen, alltäglichen und niemals beachteten Vorgänge des Vergessens, Verlierens, Verschreibens, Versprechens, die er als „Fehlleistungen" und auch als „Symptomhandlungen" bezeichnete, erwiesen sich ihm als wichtige Hilfsmittel zur Erforschung des Unbewußten. Im Jahre 1904 veröffentlichte er darüber sein Buch „Zur Psychopathologie des Alltagslebens".

Diese beiden Bücher und die darin erstmals niedergelegten Erkenntnisse sind seither maßgebend und anerkannt geblieben, sogar von seiten der Gegner der Psychoanalyse. Zur Zeit ihres Erscheinens aber fanden sie kaum Widerhall, geschweige denn Anerkennung.

Allmählich fanden sich um den einsamen Forscher jüngere Ärzte, die Interesse und Verständnis für seine Ideen und Arbeiten hatten. Es bildete sich eine Arbeitsgemeinschaft, die die Lehren Freuds nicht nur in die Weite trug, sondern zu deren Vertiefung und Erweiterung wichtige Hilfe leistete. Zu den Schülern und Jüngern Freuds zählte damals der junge Wiener Arzt Dr. Alfred Adler, bald auch der Züricher Psychiater Dr. C. G. Jung. Jungs damaliger Chef, der Professor der Psychiatrie an der Universität Zürich Dr. Ernst Bleuler, ist wohl der erste, der die neue Lehre akademisch anerkannte, und er arbeitete sogar, wenn auch nur kurze Zeit, an der ihr gewidmeten Zeitschrift führend mit.

Um diese Zeit wird Freud, wie schon erwähnt, der Titel eines Universitätsprofessors verliehen. Seine Weltgeltung und die Verbreitung seiner Lehre haben damit freilich wenig zu tun.

Die Lehre der Psychoanalyse findet nun, im weitesten Maß ohne jede offizielle Anerkennung oder Mithilfe, allmählich Forschungsstätten, Publikationsorgane, Anerkennung an Universitäten. Freud ist nun nicht mehr der einsame Kämpfer, sondern der Mittelpunkt und der Motor einer fast die ganze Kulturwelt umfassenden wissenschaftlichen Organisation. Ein eigener Verlag für die „Internationale Zeitschrift für Psychoanalyse" und die Zeitschrift „Imago" sowie für die Bücher Freuds und seiner Schüler wird geschaffen.

In unermüdlicher Arbeit führt Freud seine Forschungen weiter, und bald empfindet der Alternde das Bedürfnis, seine Lehre auch in weltanschaulicher und philosophischer Richtung weiterzudenken. Unversehens ist ja im Laufe der Zeit aus einer rein ärztlichen Lehre ein wissenschaftliches System geworden, das weit über einen medizinischen Zweck hinausgreifend auch den gesunden Menschen und sein Seelenleben, seine Beziehung zur Gesellschaft und zur Natur zum Gegenstand der Untersuchung und der Forschung macht. Kulturgeschichte, Völkerkunde, Gesellschaftswissenschaft werden in den Arbeitsbereich einbezogen. Es läßt sich nicht vermeiden, daß ein weiterer Kreis von interessierten oder auch nur geltungssüchtigen Laien Grundgedanken oder Fachausdrücke aufschnappt und mit ihnen paradiert und manipuliert, nicht zum Vorteil der Wissenschaft und nicht in ihrem Sinne. Sie liefern den Gegnern und Spöttern Material, das aber nicht die eigentliche Psychoanalyse betreffen kann.

Freud selbst ist weiter unermüdlich tätig. In seinem siebenten Lebensjahrzehnt erscheinen eine Reihe von Werken, die diesem philosophischen Bedürfnis entsprechen. Vor allem sind zu nennen die zusammengehörigen drei Arbeiten „Das Ich und das Es", „Jenseits des Lustprinzips" und „Massenpsychologie und Ichanalyse", in denen Grundlegendes zur Charakterlehre gebracht wird. Später beschäftigt sich Freud mit der Religion in seinem Buch „Die Zukunft einer Illusion" und mit kulturphilosophischen Fragen in „Das Unbehagen in der Kultur". Vorher schon erschien sein Buch „Totem und Tabu", in dem er völkerpsychologische Theorien aufstellt.

Freud hat selbst in mehreren Werken Zusammenfassungen seiner Lehre gegeben. Hierzu gehören vor allem seine „Vorlesungen zur Einführung in die Psychoanalyse", die zuerst 1917 erschienen und seither in zahlreichen deutschen Ausgaben und in beinahe allen Kultursprachen wieder veröffentlicht wurden.

Im Jahre 1932 wurde Freud durch die Verleihung des Goethepreises ausgezeichnet. Damals schon krank, konnte er nicht selbst zur Preisverleihung reisen. Seine Tochter Anna vertrat ihn bei den Feierlichkeiten. Im Jahre 1938, als die Nazibanden nach Wien kamen, wo er immer noch ohne Unterbrechung wohnte und trotz Alter und Krankheit weiter arbeitete, war sein Leben gefährdet. Der Name „Freud" galt ja als ein Symbol des verhaßten und zersetzenden Judentums. Es gelang der Tatkraft, dem Opfermut der Prinzessin Marie Bonaparte, die seine Schülerin und Verehrerin war, mit Hilfe der Intervention Roosevelts ihn rechtzeitig aus Wien nach England zu bringen, wo er, bis zur letzten Minute arbeitend, im Jahre 1939, 83 Jahre alt, starb. In seinen letzten Lebensjahren war er durch ein außerordentlich schmerzhaftes Gaumensarkom gequält. Doch weigerte er sich, die ständigen Schmerzen durch irgendwelche Medikamente zu mildern, sondern blieb aufrecht kämpfend, seinen klaren Kopf dem schmerzfreien Gaumen vorziehend, bei seiner Arbeit.

Seine Lehre wurde auch nach seinem Tode von seinen zahlreichen Schülern fruchtbar und in seinem Sinne fortgesetzt. Seine Tochter Anna steht in der ersten Reihe derselben. Sie wurde – sehr verspätet – durch die Promotion zum Dr. med. h. c. an der Wiener Universität ausgezeichnet (1972).

2. Die Lehre vom Unbewußten

Freud ging bei seiner Arbeit als Arzt zunächst davon aus, daß ein Weg gefunden werden müsse, um das Wesen der sogenannten neurotischen Störungen zu erkennen und den darunter Leidenden zu helfen. Das Problem, das er sich stellte, war also ein rein ärztliches und zunächst kein psychologisches, geschweige denn ein philosophisches.

Seine Studien bei Charcot zeigten ihm, daß es seelische Sachverhalte gibt, die außerhalb des Bewußtseins stehen, die aber unter Umständen, namentlich durch die Anwendung der Hypnose, erkannt werden können.

Bei seiner gemeinsamen Arbeit mit Breuer, die sich hauptsächlich um die vielumstrittene „Hysterie" bewegte, erkannte er, daß diese seelische Störung durch unbewußte Sachverhalte nichtkörperlicher Art verursacht und auf diese zurückgeführt werden könne. Es ergab sich, als die beiden Forscher zunächst sich dabei der Hypnose bedienten, daß es oft gelang, solche dem Patienten nicht bewußten Sachverhalte bewußt zu machen und damit schon die Störungen zu beseitigen.

Schon vor Freud haben einige Denker, so vor allem Schopenhauer und Nietzsche, und der Philosoph Eduard von Hartmann, erkannt, daß das Unbewußte eine bedeutende Rolle im Seelenleben spiele. Keiner von diesen Vorgängern aber fand sich durch diese Entdeckung veranlaßt, systematische Konsequenzen, geschweige denn ärztliche Folgerungen zu ziehen. Übrigens hat Freud von diesen seinen Vorgängern nichts gewußt. Er hatte von Anfang an die Gewohnheit, immer erst seine eigenen Anschauungen klar zu formen, ehe er sich mit Literatur über das betreffende Problem zu beschäftigen begann. Die Lektüre rein philosophischer Schriften lag zudem ganz außerhalb seines ärztlichen Interessengebietes. Erst viel später wurde er darauf aufmerksam gemacht, daß manche seiner Ideen schon vor ihm bekannt gewesen seien.

Die zur Zeit Freuds herrschende Psychologie des Leipziger Professors Wilhelm Wundt bestritt mit aller Entschiedenheit, daß es ein unbewußtes Seelenleben geben könne. Nach Wundts Meinung war Seele mit Bewußtsein identisch, und der Begriff der Seele schloß den Begriff des Unbewußten aus. Es gäbe höchstens Abstufungen der Klarheit und Helligkeit des Bewußten, aber keinesfalls ein Unbewußtes, das man zur Seele rechnen dürfe.

Es ist interessant, daß manche späteren Auffassungen auf diese Lehre zurückgriffen, sie aber mit der Freudschen Auffassung eines Unbewußten zu vereinbaren suchten. Hier ist besonders zu erwähnen Professor Paul Schilder, der der Lehre Freuds als praktischer Psychiater wie als fruchtbarer Theoretiker und Autor sehr nahe stand. Er kam dennoch zu der Überzeugung, daß das, was Freud „unbewußt" nennt, nicht wirklich unbewußt sei. Es sei vielmehr um den Mittelpunkt eines begrenzten, gewissermaßen hell beleuchteten Bereiches des Bewußten ein viel weiterer, aber vom Zentrum ausgehend immer dunkler und schattenhafter werdender Bereich gelagert. Er nannte diesen Bereich die „Sphäre", und es kann gesagt werden, daß diese Auffassung sich als außerordentlich fruchtbar erwies. Aber obwohl damit ein wirklich Unbewußtes bestritten ist, besteht dennoch tatsächlich und funktionell zwischen einer solchen Auffassung und der der Freudschen Lehre kein wesentlicher, sondern bloß ein terminologischer Unterschied. Vor allem ist die Technik der Analyse auch bei dieser Auffassung anwendbar und ergebnisreich.

Unbewußt ist nach Freud alles, was nicht bewußt ist. Nicht bewußt ist, was ich vergessen habe oder was im Augenblick nicht im Mittelpunkt meines Aufmerksamkeitsscheinwerfers steht. Was ich gestern mittag gegessen habe oder was ich heute morgen in der Unterrichtsstunde gelernt habe, kann in diesem Augenblick meinem Bewußtsein entschwunden sein. Doch kann ich es mit mehr oder weniger Mühe jederzeit wieder erinnern, also bewußt machen.

Daneben aber gibt es auch Erlebnisse, Eindrücke, Sachverhalte, die ich wohl einmal gewußt habe, die mir also einmal bewußt gewesen sind und es heute nicht mehr sind, die ich aber nicht ohne weiteres oder überhaupt nicht wieder erinnern kann. Dazu gehören gewisse Erlebnisse der Kindheit, aber auch andere Erlebnisse späterer Zeit, die Freud „Trauma" (das heißt Verwundung) nennt. Es sind immer Erlebnisse, die nicht mehr bewußt sein können, weil ihr Bewußt-Werden andere, meist sehr schmerzhafte Erlebnisse mit sich ins Bewußtsein ziehen und damit Schmerz bereiten würde. Ein Beispiel: Eine Tochter liebt ihren Vater zärtlich, wünscht sich aber nach monatelanger schwerster und aufopferungsvollster Pflege des Unheilbaren, daß sein Leiden ein Ende nehme; sie kann diesen Todeswunsch gegen den geliebten Vater nicht zugeben, er „verschwindet" also aus ihrem Bewußtsein, aber ihr rechter Arm bleibt nun genau in der Stellung bewegungsunfähig, die er im Augenblick des verdrängten Wunsches einnahm. Unzählige Beispiele solcher Art sind nicht nur dem Arzt, sondern nunmehr auch dem interessierten Laien bekannt und verständlich. Diese Art von Unbewußtem nennt Freud das „Unbewußte" und unterscheidet es von dem anderen „Vorbewußten".

Die Tatsache nun, daß es unbewußte Sachverhalte gibt, die nicht ohne weiteres bewußt gemacht werden können, ist der Ausgangspunkt der psychoanalytischen Lehre vom Unbewußten. Und zugleich mit der Erkenntnis solcher Sachverhalte stellt sich die andere Erkenntnis ein, daß die gleichen nicht bewußtseinsfähigen Erlebnisspuren dennoch in einer sehr bedeutsamen Weise eine psychische Kraft und Wirksamkeit behalten. Sie sind bösen Menschen vergleichbar, die man – um sie unschädlich zu machen – in einem dunklen Raum einsperrt und die nun von dort aus allerlei Unheil stiften.

Noch ehe wir die Einzelheiten und die weiteren Vorstellungen über das Unbewußte behandeln, muß hier hervorgehoben werden, daß die Auffassung Freuds von einem in „bewußt" und „unbewußt" geteilten Seelenleben und von der besonderen

Rolle gerade des Unbewußten dabei, geistesgeschichtlich gesehen, von größter und grundsätzlicher Bedeutung ist. Damit hat nämlich Freud den entscheidenden Schritt zu der Auffassung vollzogen, daß das menschliche Seelenleben ein in sich geschlossenes und unteilbares Ganzes, eine Einheit sei. Die zeitgenössische Psychologie dieser Zeit, namentlich unter der Führung von Wilhelm Wundt, William James und anderen, sah die Aufgabe und den Sinn der wissenschaftlichen Psychologie so gut wie ausschließlich in der Erforschung einzelner Teile oder Erscheinungen des Seelischen. Das Denken, die Sinnesempfindung, Wille und Gefühl und noch anderes wurden an sich und abgelöst vom Ganzen untersucht. Experimente und Arbeit im psychologischen Laboratorium bemühten sich in dieser Richtung. Vor allem galt die Arbeit der Physiologie der Sinne. Dies entsprach durchaus der materialistisch-naturwissenschaftlichen Denkweise dieser Zeit. Und dieser Denkweise eigentümlich ist die ausschließliche Schätzung exakt naturwissenschaftlicher Methoden. Freud selbst, aufgewachsen und ausgebildet in dieser Zeit und in ihren Anschauungen, war immer in naturwissenschaftlicher Richtung bemüht. Seine wissenschaftliche Arbeit vor seiner psychoanalytischen Epoche war der Neurologie, der Anatomie und Physiologie des Nervensystems gewidmet. Klares, begriffexaktes Erkennen war ihm zeitlebens unentbehrlich.

Um so ungeheurer erscheint sein Schritt von der analytisch atomisierenden Psychologie seiner Zeit zu der Überzeugung, daß das Seelenleben als Ganzes, als Wirkendes, als Fließendes, und nicht als ein aus einzelnen Bausteinen zusammengemauertes stabiles Gebäude verstanden werden muß. Die einzelnen seelischen Erscheinungen des Bewußten und des Unbewußten, wie sie nun Freud zunächst bei seinen Heilung suchenden Patienten und dann ebenso auch beim Gesunden unterscheidet und untersucht, sind nicht Teile, Wesenheiten für sich. Sie bilden vielmehr in ihrer Zusammenwirkung ein Ganzes, und dieses Ganze zu verstehen ist der Sinn und die Aufgabe seiner wissenschaftlichen Arbeit.

Freud war ein naturwissenschaftlicher Denker und blieb während seines ganzen Lebens dieser Denkweise verbunden. Solches Denken aber ist auf Tatsachen und Kausalitäten eingestellt.

Das Ganzheitsdenken wie das finale Denken waren ihm fremd. Daher ja auch der Kampf und Widerstand gegen das finale teleologische und „vitalistische" Denken dieser Zeit. Erst viel später gelangte dieses Denken, in Alfred Adlers „Individualpsychologie" und dann in Drieschs Vitalismus, in den „organismischen" Anschauungen Kurt Goldsteins, H. v. Bertalanffys usw., vor allem aber in der „Gestaltpsychologie" zum Durchbruch, neuerdings sogar in der Kernphysik.

Dem allen war Freud noch fern. Aber um so eindrucksvoller wirkt es heute, zu erkennen, daß seine Lehre vom Unbewußten und – davon ausgehend – von dem Aufbau des menschlichen Charakters implicite die Ganzheitlichkeit des Seelenlebens erfaßte, ohne daß er dies explicite darstellte.

Es bedeutet keine Schmälerung des geistesgeschichtlichen Wertes dieser Tat, wenn man feststellt, daß auch außerhalb des Arbeitsbereiches von Freud in anderen Wissenschaften die Grunderkenntnis einer Ganzheitlichkeit durchdringt. So ist fast zur gleichen Zeit auf dem Gebiet der medizinischen Wissenschaft erstmals die Lehre von der Bedeutung der „Konstitution" aufgetaucht, zufälligerweise ebenfalls in der Hauptsache von Wiener Forschern und Juden ausgehend. Der Grundgedanke der Konstitution hatte allmählich die bis dahin allein siegreiche „Zellulartheorie" und Zellular-Pathologie (Rudolf Virchow) verdrängt und bahnte schließlich heute in der Lehre von den Drüsen mit innerer Sekretion (Endokrinologie) einen modernen Weg zu jener Auffassung der Medizin, die auf anderer Ebene bereits vor Virchow herrschte, zu der sogenannten Humoralpathologie. Es kann hier nicht daran vorbeigegangen werden, daß diese Lehre von der Bedeutung der inneren Sekretion auch in anderer Hinsicht zu einem Gesamtheitsgedanken führte. Das Studium der Drüsen mit innerer Sekretion führte nämlich bald zu der Erkenntnis, daß diese, zum Beispiel die Schilddrüse, die Thymusdrüse, die Hypophyse, die Nebenniere, die Geschlechtsdrüsen, mit rein charakterlichen und charakterentwickelnden Erscheinungen untrennbar verbunden sind. Die amerikanische Medizin nennt daher diese Drüsen „personality glands", also Charakterdrüsen. Und so gelangt die Wissenschaft zu der unendlich fruchtbaren und noch lange nicht ausgeschöpften Konzeption einer untrennbaren leib-seelischen Einheit. Dies hat nicht nur für die Medizin, sondern ebenso auch für die Psychologie neue Grundlagen und neue Wege geschaffen.

Noch ein anderes Beispiel für die neue Ganzheitsauffassung sei für das Gebiet der Völkerkunde erwähnt. Früher beschäftigte sich die Ethnologie fast ausschließlich mit der Erforschung und Beschreibung des materiellen und geistigen Kulturgutes der verschiedenen Völker und Epochen. Nach der so fruchtbaren Zeitenwende vom 19. zum 20. Jahrhundert aber reift die Erkenntnis von den sogenannten „Kulturkreisen". Man weist nach, daß die einzelnen Kulturgüter nicht eine mehr oder weniger selbständige Funktion da und dort auf der Erde haben, vielmehr erweist es sich, daß es patriarchalische und matriarchalische Kulturkreise gibt, innerhalb deren die Exogamie oder Endogamie Unterschiedlichkeiten ganzheitlicher Art bedeuten. Und diesen Kulturkreisen sind jeweils mehr oder weniger bestimmte geistige wie materielle Kulturgüter eigen. Man ist dadurch sogar in den Stand gesetzt, aus einzelnen Funden, etwa vorgeschichtlicher Art, zulängliche Schlüsse auf die Besonderheit des Kulturkreises zu ziehen, dem die betreffenden Gegenstände angehören. So kann man zum Beispiel aus einem bestimmten Jagdgerät schließen, daß sein Besitzer etwa einem patriarchalischen Gesellschaftssystem zugehörte. Auch hier also der neue Ganzheitsgesichtspunkt an Stelle der früheren atomisierenden Forschung.

Mag also der Ganzheitsgedanke in dieser Zeit sozusagen in der Luft gehangen haben, so mußte er doch von einem einmal gefaßt und formuliert werden. Das Verdienst dieser Formulierung bleibt bestehen. Und wenn dieser einzelne, so wie Freud, bei seiner Arbeit so wenig Anerkennung und Unterstützung und so viel Ablehnung und Widerstand gefunden hat, so ist sein Verdienst, persönlich wie geistesgeschichtlich, nicht hoch genug anzuschlagen. Das, was später Freuds Schüler Alfred Adler und Carl Gustav Jung als ihre Erkenntnis und als die Besonderheit ihrer Lehre in den Vordergrund stellten, nämlich die Unteilbarkeit des Seelischen und der Persönlichkeit, die „In-dividualität", ist im wesentlichen aus Freuds Lehre und seinen Erkenntnissen erwachsen.

Wir kehren nach diesem geistesgeschichtlichen Exkurs zurück zu weiteren Einzelheiten der Freudschen Lehre vom Unbewußten.

Freud nennt jene seelische Funktion, die Erlebnisse oder deren Erinnerungsreste aus dem Bewußtsein hinaustreibt und im Unbewußten festhält, „Verdrängung". Dieser bildhafte Ausdruck ist kennzeichnend für die Kunst Freuds, für neue Sachverhalte prägnante und zugleich allgemeinverständliche Termini zu schaffen. Es ist gleichzeitig auch kennzeichnend für seine Art, seelische Sachverhalte durch körperliche Bezeichnungen zu benennen. An sich ist wohl eine fruchtbare und natürliche Terminologie auf dem Gebiete der Psychologie kaum anders möglich als so. Denn wir erleben und erfassen ja Seelisches niemals, auch bei Introspektion, anders als durch Körperliches. „Hochgemut" und „depressiv", „warmherzig" und „kaltblütig", „begreifen" und „schließen", all das sind an sich und ursprünglich Begriffe für körperliche Sachverhalte, die aber geistig-seelische bezeichnen.

Bei seinem Vorstoß als Pionier in neues unerforschtes Gebiet des Seelischen mußte Freud für seine neuen Begriffe körperliche Metaphern verwenden. Er geht damit vielleicht weiter als mancher vor oder nach ihm. So spricht er immer wieder von einer Topographie des Seelenlebens. Es muß dahingestellt bleiben, ob er dabei wirklich an eine psychische Geographie dachte, wie dies ausdrücklich manche seiner Schüler, zum Beispiel Karl Abraham, erklärten. Man wird gut tun, der Körperlichkeit seiner Begriffsbezeichnung mit gewissem Vorbehalt zu folgen, sie eher metaphorisch als tatsächlich zu verstehen.

Der eben besprochene Sachverhalt der „Verdrängung" bedeutet eine Eliminierung von Bewußtseinsfakten aus dem Bewußtsein. Doch ist es nicht schlechthin ein vorübergehendes Aus-dem-Gedächtnis-Geraten. Es ist mehr und anderes als dies. Es ist ein endgültiges Verschwinden aus dem Bewußtsein, in das eine Wiederkehr des so Verdrängten an sich nicht mehr möglich ist.

Die solcher Art verdrängten seelischen Sachverhalte aber sind keineswegs aus dem Bereiche des Seelischen wirklich verschwunden, wenn sie unbewußt geworden sind. Vielmehr sind sie gerade deshalb um so stärker wirksam. Sie können, da sie bewußtseinsunfähig sind, nicht erinnert werden. Freud spricht von einer „Zensur", die an der Grenze zwischen Unbewußtem und Bewußtem wirkt und Bewußtseinsunfähiges nicht über die Schwelle läßt. Aber diese Zensur kann umgangen und getäuscht werden. Das Verdrängte maskiert sich, und so unkenntlich gemacht, vermag es die Zensur zu passieren und ins Bewußte zu gelangen.

Diese Maskierung kann in mancherlei Formen erfolgen. Vor allem bedient sich das Unbewußte dabei der „Symbole". Das heißt, ein an sich bewußtseinsunfähiger Sachverhalt bewirkt aus dem unbewußten Bereich das Auftreten von ihn vertretenden oder ihn symbolisierenden Formen. Wir werden später eingehender von den sogenannten „Fehlleistungen" des Vergessens, Verlierens, Versprechens usw. zu sprechen haben und von der ungeheuren wissenschaftlichen Tat Freuds, seiner Lehre der Traumdeutung. So sei hier nur zunächst andeutungsweise gesagt, daß zum Beispiel ein Vergessen nicht zufällig vorkommt und nicht wirklich etwa durch Müdigkeit oder ähnliche äußere Umstände befriedigend erklärt werden kann. Der Kundige weiß, daß das Vergessene in irgendeinem meist nicht bewußten Sinne peinlich, verboten, unmöglich zuzugeben ist oder mit etwas derartigem zusammenhängt, einen Komplex bildet.

Freud bleibt bei dieser allgemeinen Erkenntnis nicht stehen. Vielmehr hat er Wege gefunden und gelehrt, aus dem symbolischen oder symptomatischen Verhalten das Symbolisierte, also das Unbewußte, zu erschließen und sogar wieder bewußt zu machen.

Eine andere Form der Verhüllung des Bewußtseinsunfähigen auf seinem Wege ins Bewußte ist „Sublimierung". Darunter versteht man die Umwandlung verbotener oder verpönter und daher verdrängter Triebwünsche und Triebrichtungen in eine sozial zulässige, ja sogar eine sozial hochwertige Leistung. So kann etwa ein ursprünglicher Sadismus zur Wahl des Berufes etwa eines Chirurgen oder eines Zahnarztes führen. Darin, also in dieser sozial hochwertigen Betätigung, finden der nicht zugelassene und nicht zulässige Sadismus nicht nur einen erlaubten Ausweg. Vielmehr kann auf solche Art, zumindest unter Umständen, die ursprünglich verpönte Richtung an sich und psychologisch gesehen unschädlich gemacht werden. In den Fällen gelungener Sublimierung ist die innere Freiheit von der Bedrängnis gewonnen, ist die Erlösung von dem Bösen erreicht.

Schließlich ist der bedeutsamste Weg an der Zensur vorbei die Neurose selbst, denn in der Neurose findet der Neurotiker eine Lösung seiner im Unbewußten wurzelnden Bedrängnisse. Eine Lösung freilich, die nicht löst, vielmehr selbst ein Übel und eine Krankheit ist, die aber an die Stelle des ärgeren und jedenfalls nicht auflösbaren unbewußten Sachverhaltes tritt.

Wir kommen nun zur Darstellung der Fehlleistungen und der Traumdeutung, wobei wir auch Beispiele aus dem täglichen und dem pädagogischen Leben geben werden.

3. Die Fehlleistungen

Jeder hat an sich oder an anderen erlebt, daß etwas vergessen oder verloren oder verlegt wird, daß man sich verspricht, verschreibt, verliest. Und wenige haben diesen alltäglichen Vorkommnissen eine besondere Wichtigkeit beigemessen. Aber die meisten Menschen sind ohne weiteres bereit, es dem Vergessenden übelzunehmen, daß er etwas Wichtiges vergessen hat, etwa ein Rendezvous oder einen Fälligkeitstag. So etwas darf man nicht vergessen, heißt es dann. Und wenn es doch vergessen wird, wird es vom betroffenen Gegner so aufgefaßt, als sei der andere absichtlich darüber hinweggegangen. Versuche einmal einer, seiner Freundin klarzumachen, daß er das Rendezvous „nur" vergessen habe. Er wird kein Glück damit haben und zu hören bekommen, früher einmal hätte er nie vergessen, er liebe sie eben nicht mehr. Genau besehen, ist das der Anfang psychoanalytischer Deutung des Unbewußten.

Freud wurde auf das Vergessen und Wiedererinnern und das dabei sich ausdrückende psychologische Kräftespiel aufmerksam, als er sich genötigt sah, gegen die posthypnotische „Amnesie" (teilweiser Gedächtnisverlust nach der Hypnose) einer Patientin anzukämpfen. Er entdeckte bald, daß das Vergessen eine Funktion darstellt und daß das Wiedererinnern des Vergessenen erst erfolgt, wenn ein Widerstand überwunden werden konnte.

Einfacher ausgedrückt: Man vergißt nicht ohne Grund, und man erinnert schwer aus dem gleichen Grunde. Dieser Grund aber ist ein unbewußter. Wird er aufgedeckt, so erkennt man sogleich, daß das Vergessene vergessen werden sollte, weil es, im Bewußtsein behalten, einen deutlichen und unzulässigen Konflikt zwischen Trieb und Widerstand verursacht hätte.

Der junge Mann, der das Rendezvous vergißt, wollte in seinem Bewußtsein pünktlich erscheinen. In dem anderen, unbewußten, von ihm nicht zugestandenen und nicht zugesteh-

Die Fehlleistungen

baren Teil seines Ich aber bestand ein Widerstand gegen das Rendezvous. Und so vergaß er es.

Das gilt genauso auch bei allen anderen Erscheinungen, in denen etwas Falsches geleistet wird, die Freud mit einem sehr glücklichen Ausdruck „Fehlleistungen" nannte: beim Verlegen, Verlieren, Versprechen, Verschreiben usw. Wir werden sogleich durch Beispiele klarmachen, was dabei vorgeht.

In einer jungen Ehe war eine merkbare Entfremdung des Gatten von seiner Frau entstanden. In dieser Zeit bekam er von ihr bei einer Gelegenheit ein Buch geschenkt, das ihm lieb war. Als er es kurze Zeit darauf lesen wollte, war es verschwunden und konnte trotz eifrigsten Suchens nicht gefunden werden. Einige Zeit darauf erkrankte die Mutter des Mannes schwer, und die Frau, also die Schwiegertochter, übernahm mit einer ungewöhnlichen Aufopferung ihre Pflege. Eines Tages, als es der Mutter wieder etwas besser ging, kam der Mann vom Krankenbesuch nach Hause, ganz erfüllt von dankbaren Gefühlen gegen seine Frau. In dieser Stimmung tritt er zu seinem Schreibtisch, zieht eine Lade auf und – findet das verlorene Buch. Es ist leicht zu verstehen, daß sowohl das Verlegen wie auch das Wiederfinden durch die dem Bewußtsein entzogene Wirksamkeit der zuerst negativen und dann sehr positiven Einstellung gegen die Gattin herbeigeführt wurde. Die erste konnte nicht zugestanden werden und mußte sich in einer Umschreibung, in einer nicht ohne weiteres verständlichen Form äußern, in dem Verschwindenlassen des Geschenkes und ebenso in dem Nichtwiederfinden während der Zeit, in der die ablehnende Stimmung bestand. Denn in der Lade, in der dann schließlich das Buch gefunden wurde, nachdem die liebevolle Dankbarkeit an die Stelle der Abwendung getreten war, hatte der Mann natürlich auch früher schon nachgesehen, ohne etwas zu finden. Der unbewußt wirkende Trieb forderte: „Weg mit der Frau!" und daher wurde deren Buch, als Teil ihrer selbst, gewissermaßen weggeschafft. Der Widerstand befahl: „Du darfst deine Frau nicht verlassen!"

und daher wurde nicht sie selbst, sondern nur symbolischerweise ihr Geschenk beseitigt. Nachdem der Trieb durch den entgegengesetzten ersetzt worden war, wirkten Trieb und Widerstand in der gleichen Richtung, und das verlegte Buch wurde gefunden.

Manche könnten hier einwenden: Vielleicht war der Ehemann, als er das Buch verlegte, ermüdet und daher zerstreut, und es war also nur ein Zufall oder ein äußerlich bedingter Fehler, der keinerlei tieferliegende Gründe hatte. Zugegeben, daß Ermüdung oder starke Beschäftigung ablenken und Vergessen, Verwechseln usw. hervorrufen können. Aber damit ist noch nicht verständlich, wieso gerade dieses Bestimmte vergessen oder verwechselt wurde. *Daß* vergessen wird, kann sicherlich durch unwichtige Umstände erklärt werden. *Wie* vergessen wird, bleibt aber dann ebenso unerklärt, wie in dem ähnlichen Falle der Traumreize nur das „Daß", nicht aber das „Wie" durch den Leibreiz verständlich gemacht werden kann.

Eine häufige Beobachtung zeigt, daß Ehefrauen, wenn sie mit ihrem vollen Namen unterschreiben, den eigenen Vornamen oft viel deutlicher und klarer schreiben als ihren angeheirateten Familiennamen, also den Namen ihres Gatten. Diese Vernachlässigung des Gatten-Namens kommt meist dann vor, wenn die Frau gegen den Mann verstimmt ist. Nicht selten läßt sich daraus auf eine Zerrüttung der Ehe schließen.

Dr. Ernst Jones, ein bedeutender Schüler Freuds, erzählt, daß er einmal einen ihm irgendwie mißliebigen Antwortbrief erst lange Zeit aufschob, dann aber, in einem Anfall von Gewissenhaftigkeit, schrieb und in den Postkasten warf – worauf er ihn bald wieder erhielt, weil er vergessen hatte, ihn zu adressieren. Er setzt nun die Adresse ein und gibt ihn zum zweiten Mal auf, um im letzten Augenblick zu bemerken, daß er diesmal vergessen hat die Briefmarke aufzukleben. (Nach Freud, Vorlesungen)

Es ist kennzeichnend, daß Freud die trivialen Sachverhalte der sogenannten „Fehlleistungen" überhaupt in den Bereich seiner Untersuchungen zog. Vor ihm hatte keiner daran gedacht. Zwar finden sich gelegentlich Bemerkungen darüber, etwa bei Nietzsche, der ja überhaupt vieles von der Lehre vom Unbewußten vorhergedacht, es aber nicht erforscht hatte. Aber nirgends gab es eine eingehende psychologische Untersuchung. Dazu bedurfte es der Genialität und Unvoreingenommenheit Freuds.

Nicht immer sind die Fehlleistungen so einfach erklärt. In vielen Fällen bedarf es einer eingehenden Analyse, die aber dann wohl immer die Aufklärung bringt. Freud selbst hat in seinem Buch „Zur Psychopathologie des Alltags" eine große Zahl von Beispielen gegeben und aufgelöst.

Jeder Lehrer wird bei seinen Schülern täglich solchen Fehlleistungen begegnen, solchem Vergessen, Verlegen, Verspäten, Versprechen, Verschreiben. Und gerade der Lehrer wird aus ihrer verstehenden Beachtung viel Wertvolles und Wichtiges für das Verständnis des Schülers entnehmen können. Sich darüber zu ärgern, wenn ein Schüler zu spät kommt oder sein Heft vergißt, ist zwar menschlich, aber nicht psychologisch gerechtfertigt. Sich aber durch solche Vorfälle darüber Aufklärung zu verschaffen, daß in dem Schüler eine nicht zugegebene und nicht zugebbare innere Ablehnung der Schule im allgemeinen oder eines bestimmten Lehrers oder Lehrgegenstandes wirksam ist, kann unter Umständen von Wichtigkeit sein. Es könnte z. B. eine vom Lehrer nicht beachtete vorübergehende Entfremdung des Schülers ihm gegenüber schuld sein. Und solcherart darauf aufmerksam geworden, wird der Lehrer leicht imstande sein, das frühere fruchtbare Verhältnis wieder herzustellen. Es kann eine außerhalb der Schule liegende Schwierigkeit den Schüler stören, die sich durch eine Besprechung mit dem Lehrer leichter überwinden läßt. Kurz, der verantwortungsbewußte Lehrer wird so wenig wie der Seelenarzt an solchen alltäglichen Erscheinungen achtlos oder gar verärgert vorbeigehen. Er wird sie, wenn er erst ihr Wesen an sich verstanden hat, beachten und so weit als möglich für seine erzieherische Aufgabe verwerten.

Freud sagte einmal im Zusammenhang mit den Fehlleistungen: Wer eine Zahl zu wählen hat, kann das entweder zu einem bestimmten Zweck tun, beim Rechnen, beim Vergleichen. Dann wird seine Wahl durch den damit verbundenen Zweck bestimmt. Soll er aber eine Zahl schlechthin wählen, ohne daß diese Zahl für einen sachlichen Zweck genommen würde, dann kann er das nur so, daß die Zahl durch sein Unbewußtes bestimmt wird. Nicht Zufall, nicht freier Wille wirkt dabei mit.

Die philosophische Folgerung daraus, die Freud nicht zu ziehen bereit ist, wäre wohl die des Determinismus, also der Unfreiheit des Willens.

4. Die Traumdeutung

Von jeher haben sich die Menschen mit den Träumen beschäftigt und sie zu deuten versucht; meistens legte man den Träumen eine in die Zukunft weisende Bedeutung bei. Die auch in der Bibel zahlreichen Beispiele solcher Träume sind bekannt, so besonders die Träume Pharaos, die Joseph deutet, der Traum Jakobs in Beth-El, die Träume Josephs und so weiter. Auch der nichtjüdische Kulturbereich hat seit jeher in Sage und Märchen die Träume in bezug auf die Zukunft zu verstehen versucht, so etwa bei dem Traum des Königs Laios von Theben, daß sein Sohn ihn töten und seine eigene Mutter heiraten werde.

Die naturwissenschaftliche Traumforschung unserer Zeit ging von anderen Gesichtspunkten aus. Sie wollte in den Träumen entweder einfache Wiederholungen von Wacherlebnissen oder das Auftreten von Störungen im Schlafe selbst erkennen. Die experimentelle Forschung versuchte zum Beispiel, den Schlafenden durch Kälte oder durch Wärme oder durch gewisse Geräusche, ohne ihn zu wecken, zu beeinflussen. Träumte nun etwa einer, den man durch Wegziehen der Bettdecke der nächtlichen Kälte aussetzte, er befinde sich auf dem Nordpol, so schien damit alles klar.

Freud hat auch hier gänzlich neue Wege beschritten und gewiesen. Übrigens hat er sich auch bei der Traumforschung erst dann mit der bisherigen Literatur beschäftigt, als er sicher war, selbst das Problem geklärt zu haben.

Er begnügt sich nicht mit der einfachen Annahme, daß der Traum ganz bestimmte und bestimmbare Erlebnisse wiedergebe. Die Erklärung auf solche Art ist ja auch wirklich zu seicht und zu naiv. Man überlege bloß eines: Nehmen wir das eben erwähnte Beispiel der Kälteempfindung im Schlafe. Wenn man fünf oder zehn Schläfer auf die gleiche Weise der Kälte aussetzt, und wenn sie etwa alle Kälteträume produzieren, so wird doch kaum jemals einer von diesen zehn dasselbe Kälteerlebnis geträumt haben wie der andere. Einer wird etwa von einer Nordpolreise träumen, der andere von dem Sturz in eine Gletscherspalte, der dritte wird im Traum durch kaltes Wasser waten, der vierte wird eisigen Wind träumen, der fünfte wird vielleicht träumen, er habe die Hosen verloren, und so wird jeder den identischen Kältereiz in eigener individueller Form in die Traumsprache übersetzen. Es ist also notwendig, daß man zur Erklärung außer dem allgemeinen Reiz, also etwa der Kälte, noch individuelle persönliche Faktoren annimmt, die dazu beigetragen haben, die bestimmte Traumgestaltung zu erzeugen. Es gelingt denn auch tatsächlich bei einiger Bemühung und Sachkenntnis immer, solche individuellen Faktoren beim Träumer aufzudecken.

Freud unterscheidet den „manifesten" Inhalt des Traumes von dem „latenten" Trauminhalt. Als manifest bezeichnet er die Traumerzählung an sich, das was man träumt und an was man sich erinnert, wenn man wieder erwacht.

Es fiel Freud auf, daß die manifeste erinnerbare und sachliche Traumerzählung in der Regel nicht den Gesetzen der Logik und der täglichen Erfahrung folgt. Wenn man träumt, daß man fliege oder daß man ein anderer sei, oder daß man mit verstorbenen Personen spräche oder dergleichen mehr, so widerspricht dies dem, was erfahrungsmäßig möglich ist. Während des Träumens hat man aber kaum jemals das Gefühl, Unmögliches zu träumen. Das heißt also, daß im Traum die Denk- und Erfahrungsgrundsätze nicht wirksam sind.

Wenn man nun etwa sagt, daß sich im Traum primitivere Denkformen, wie etwa des magischen Denkens, erkennen lassen, so trifft dies nicht immer zu und führt auch nicht weiter.

Hingegen konnte Freud erkennen und nachweisen und als Erkenntnis für alle Zeiten sichern, daß der manifeste Trauminhalt immer einen verborgenen Sinn enthält. Dieser verborgene, eigentliche Sinn des Traumes wird in den sogenannten „Traum-Symbolen" aktuell und kann, wenn man deren Sprache verstehen gelernt hat, aus ihnen erschlossen und erkannt, also bewußt gemacht werden. Das ist der „latente" Trauminhalt. Freud wies nach, daß Träume immer eine Wunscherfüllung darstellen, wenngleich der manifeste Inhalt sehr oft das Gegenteil eines Wunsches zu sein scheint.

Ein Beispiel: Ein junger Mann träumte – es war dies noch zur Zeit der Mandatsregierung in Palästina –, daß er mit seinen Eltern und mit seiner Schwester ein Caféhaus am Meeresstrand besuche. Während er dort ist, kommen, wie er erzählt, im Traum irische Soldaten in das Lokal. Auf die Frage des Therapeuten, wieso er die englischen Soldaten als Iren erkannt habe, sagt er, er habe sich geirrt, er habe sagen wollen, schottische Soldaten, denn sie trugen den „Kilt". Die Erzählung des Traumes soll hier nicht fortgesetzt werden. Auf die Frage, was ihm zu „Schotten" einfalle, produziert er einen bekannten Schottenwitz: die Schotten seien so sparsam, daß sie eine Zahnbürste für die ganze Familie verwenden. Und er fügt sofort hinzu, er möchte um keinen Preis die Zahnbürste gemeinsam mit seiner Mutter oder seiner Schwester verwenden.

Da wir wissen, daß Einfälle, die frei aufsteigen und produziert werden, immer in einem wenn auch nicht offen erkennbaren Zusammenhang stehen, kann man aus diesem hier wiedergegebenen Teil der Traumerzählung und den dazu produzierten Einfällen folgendes entnehmen: Der Träumer leidet unter einer nicht bewußten und nicht zugebbaren Bindung an Mutter und Schwester. Das Symbol dieser Bindung ist die gemeinsame Zahnbürste, also ein Hochgrad von Intimität. Diese wird allerdings auch im Einfall abgelehnt, was aber nichts daran ändern kann, daß sie produziert worden ist. Dieses Kernstück des latenten Trauminhaltes, nämlich die Bindung an Mutter und Schwester, erscheint also unter dem Symbol der gemeinsamen Zahnbürste. Aber davon hatte der Traum gar nicht gehandelt, vielmehr traten im Traum bloß Schotten auf, die sogar als Iren besonders getarnt werden. Ihre eigentliche (latente) Bedeutung aber wird durch den als Einfall auftauchenden Schottenwitz von der Familienzahnbürste verständlich. Die Iren sind im Traum der Ersatz für die Schotten, die Schotten wiederum das Symbol der Zahnbürste und dieses seinerseits das Symbol der verdrängten Mutterbindung des Träumers. An diesem Beispiel läßt sich also die Traumarbeit, die Mechanik des Traumes erkennen, wobei hinzugefügt sei, daß die Analyse des Träumers es unzweifelhaft machte, daß der Träumer wirklich an seine Mutter fixiert war und daß dies der Ausgangspunkt jener Sexualneurose war, derentwegen er sich in die Psychoanalyse begeben hatte.

Man nennt nach Freud das Auftreten von Trauminhalten anstelle von anderen, also der Iren bzw. Schotten anstelle der Zahnbürste „Verschiebung". Daß die Schotten aber außer der Zahnbürste noch etwas anderes, nämlich Sparsamkeit bedeuten, die im Tagesleben des Träumers eine große Rolle spielte, ist das Phänomen der sogenannten „Verdichtung". Denn hier sind zwei Inhalte in einer Erscheinung zusammengedrängt, „verdichtet".

Zuletzt ist dieser Zahnbürstentraum nichts anderes als der Ausdruck des Wunsches der intimen Vereinigung mit Mutter und Schwester, der offen und unverhüllt niemals zugegeben werden konnte.

Ein anderes Beispiel: Ein soeben an die Universität für bestimmte Vorlesungen berufener jüngerer Gelehrter träumt am

Tage nach der Berufung von den Makamen des persischen Dichters Alhariri. Als Einfälle dazu produziert er: Er sei verpflichtet worden, wöchentlich vier Stunden Kolleg zu halten. Über die Makamen des Alhariri habe er als Universitätsstudent ein Kolleg bei einem weltbekannten Orientalisten gehört. Dieser habe trotz seines wissenschaftlichen Weltrufes nie mehr als vier Hörer gleichzeitig gehabt. Die Deutung ergibt sich von selbst: Der Träumer läßt in diesem Traum seinen Wunsch erkennen, trotz des bescheidenen Anfanges von vier Kollegstunden dennoch die Bedeutung und den wissenschaftlichen Ruf jenes berühmten Orientalisten mit seinem Viermannkolleg zu erreichen.

Daß im Traum der latente Inhalt desselben nicht anders als in solcher verborgenen Gestalt auftaucht, ist das Werk der „Traumzensur", die nichts anderes ist als die schon erwähnte Zensur überhaupt.

Man versteht schon nach diesen wenigen Mitteilungen, welche ungeheure Bedeutung der Traum und die Traumdeutung nunmehr für die Aufdeckung, für das Verständnis und für die Unschädlichmachung des verdrängten Unbewußten hat. Tatsächlich wird die Freudsche Lehre von der Traumdeutung auch von solchen Psychologen und Psychotherapeuten anerkannt und angewendet, die ansonsten die Psychoanalyse nicht anerkennen wollen. Vor allem wurde auch von der Individual-Psychologie Alfred Adlers und von der analytischen Psychologie C. G. Jungs die Methode der Traumdeutung und ihre Wertung als „via regia" zum Unbewußten übernommen, mit gewissen Modifikationen und Änderungen, über die wir noch sprechen werden.

5. Libido, Sexualität

Man wirft Freud immer wieder vor und hat es ihm von Anfang an vorgeworfen, daß er alles Menschliche ausschließlich unter dem Gesichtspunkt des Sexuellen betrachte und alle

„höheren" Werte dadurch in die Niederung des Geschlechtlichen herunterziehe. Man hat Freud damit immer Unrecht getan. Er nahm durchaus nicht von vornherein das Sexuelle als Ausgangspunkt seiner Lehre an. Aber er fand, ohne es zu wollen und ohne es im geringsten vorauszusetzen, bei seinen Analysen von Neurotikern immer wieder, daß ihre Schwierigkeiten von irgendwelchen sexuellen Fakten und Erlebnissen ihren Ausgang nahmen. Erst auf Grund dieser Erfahrung begann er sich daran zu gewöhnen, seinen Patienten Fragen in bezug auf ihre Sexualität zu stellen. Und immer ergab es sich, daß sexuelle Vorkommnisse, vor allem solche, die sich in der frühen Kindheit ereignet hatten (z. B. Belauschung des elterlichen Geschlechtsaktes) als Ursache und Beginn der neurotischen Störung aufgedeckt, vom Patienten anerkannt und sodann aufgelöst werden mußten. Die gleiche Erfahrung und unvoreingenommene Forschung nötigte Freud dazu, eine „Sexualität" des Kleinkindes anzunehmen. Gerade das hat man ihm immer am meisten verübelt, daß er sogar „die reine Kinderseele" als sexuell belastet erklärt habe. Und doch war diese Annahme nichts anderes als das mutige Zugeständnis an die Tatsachen, die sich bei seiner wachsenden Erfahrung für ihn ergaben.

Freud selbst hat den Widerstand, auf den er allenthalben, besonders in den Kreisen der Ärzte traf, psychoanalytisch darauf zurückgeleitet, daß die Gegnerschaft nicht so sehr ihm selbst oder seiner Lehre galt, sondern vielmehr der Sexualität selbst und der in der Zeit des ausgehenden 19. Jahrhunderts besonders starken Abneigung zuzuschreiben sei, sich mit sexuellen Dingen zu beschäftigen. Gab es doch damals Ärzte, die sich rühmten, dem Patienten, wenn er in der Sprechstunde über sexuelle Schwierigkeiten zu sprechen begann, empört das Wort verboten zu haben! Diese Ablehnung galt wiederum nicht der Sexualität selbst, sondern der allgemeinen und von jedem sorgfältig vor sich selbst und der Welt verborgen gehaltenen Zwiespältigkeit in Sachen des Geschlechtes. Sexuelles war damals verpönt, obgleich oder weil es nicht vermieden werden konnte. Das mußte zu einer offiziellen Heuchelei auf diesem Gebiete führen, die man heutzutage kaum mehr verstehen kann.

Aber nicht nur die Erfahrung und die psychologische damit verbundene Entlarvung der Gegner muß Freud zugute gehalten werden, wenn man ihm Überbetonung des Sexuellen vorwerfen will. Noch mehr ist zu beachten, daß das, was Freud „sexuell" nennt, im Grunde genommen etwas anderes ist als das, was man herkömmlicherweise darunter verstand. Gerade die Entdeckung, daß die Bedeutung der Erotik bis in die Kinderzeit reicht, zeigt, wie stark durch Freud der Begriff der Erotik und der Sexualität erweitert und verändert wurde. Schon die Untersuchung der sexuellen Perversionen und Inversionen (Drei Abhandlungen über Sexualtheorie) veranlaßte Freud, den Begriff des Sexuellen anders und weiter zu fassen, als dies bis dahin gewöhnlich geschah. Zum Beispiel wird bei der sexuellen Abnormalität des „Sadismus" die sexuelle Lust dadurch ausgelöst, daß dem Partner Schmerzen zugefügt werden. Es leuchtet ein, daß dies mit einem normalen Sexualakt nichts zu tun hat, obgleich das Erlebnis sexueller Lust damit verbunden ist. Das gleiche gilt im Falle des „Masochismus", bei dem Sexuallust durch die am eigenen Leib erlittenen Schmerzen verursacht wird, die der Partner zufügt. Noch deutlicher wird die Abweichung vom rein „Sexuellen" beim „Fetischismus", bei dem die sexuelle Lust nicht durch den Körper des Partners, sondern durch Kleidungsstücke, Haare, Zöpfe etc. erregt wird; oder beim „Exhibitionismus", da der Exhibitionist seine Geschlechtslust nur der Entblößung und dem Herzeigen seiner eigenen Geschlechtsorgane, nicht aber einer Berührung mit einem Partner verdankt. Daß wir dennoch alle diese Formen und Unformen gleicherweise als „sexuell" bezeichnen, hat seine Berechtigung ausschließlich in der Gemeinsamkeit des Lustgewinns.

Ganz ähnlich verhält es sich auch mit der kindlichen Sexualität im Sinne Freuds. Natürlich ist das Kind einer sexuellen

Betätigung und Befriedigung in der Art des geschlechtsreifen normalen Erwachsenen durchaus unfähig, schon weil die körperlichen Voraussetzungen hierfür nicht vorhanden sind. Aber schon die regelmäßige Beobachtung, daß Kleinkinder mit Vorliebe mit dem eigenen Geschlechtsteil spielen – was man ohne weiteres Onanie nennt und worüber immer noch viele Eltern entsetzt sind, weil sie darin ein Anzeichen drohender „sittlicher" Verderbtheit ihres Kindes erblicken – beweist, daß doch schon in dem kleinen Kinde etwas drängt und lebt, was dem Sexuellen im eigentlichen Sinn irgendwie verwandt ist. Und die Beobachtung an größeren Kindern, die oft richtige sexuelle Spiele ausüben, kann zwar nicht als Beweis „sittlicher Verderbtheit", wohl aber als unzweifelhafter Ausdruck einer kindlichen Sexualität verstanden werden. Der Forscher Bronislaw Malinowski, der in Melanesien (Südsee) in dem von unserer Gesellschafts- und Kulturform wesentlich abweichenden „mutterrechtlichen" Kulturkreise eingehende Untersuchungen durchführte, berichtet von dort, daß die Kinder in voller Ungestörtheit und sogar unter Billigung der Erwachsenen richtige Sexualakte, soweit diese physisch möglich sind, untereinander spielerisch ausführen.

Nimmt man, wie Freud es tut und lehrt, als Gemeinsames der sexuellen und der sexual-ähnlichen Sachverhalte den Lustgewinn an, und zwar den Gewinn physischer Lust, dann findet man wenig Anlaß, dieser Begriffserweiterung die Zustimmung zu versagen. Die Abgrenzung aber der Lust im allgemeinsten Sinne von dieser besonderen Lust kann man etwa verstehen, wenn man einen Säugling beobachtet, der deutliche Zeichen der Befriedigung beim Lutschen an einem unergiebigen, keine Nahrung liefernden „Schnuller" oder am eigenen Finger zeigt. Diese Lust und die Lust an der eigentlichen Nahrungsaufnahme beim Saugen des Kindes an der Mutterbrust sind einander zwar ähnlich, aber darin unterschiedlich, daß das bloße Lutschen gewiß nicht die Lust der Hungerstillung, sondern eine andere, aber deutliche Lust erleben läßt.

Damit kommen wir zu der von Freud aufgestellten Unterscheidung zwischen den Ich-Trieben und den Sexualtrieben. Zu den ersteren zählen Hunger, Durst, Müdigkeit und andere Erlebnisse von Mängeln. Sie haben als gemeinsames Merkmal die unmittelbare Bindung an das eigene Ich und an seine Erhaltung. Die Sexualtriebe aber stellen die Verbindung zwischen dem Ich und dem Du, zwischen dem Einzelnen und der Gattung dar. Beide, die Ich-Triebe wie die Sexual-Triebe haben als Grundlage Energie, und diese Energie nennt Freud „libido". Der Sinn dieses lateinischen Wortes ist „Lust, Begierde". Das Sexuelle ist schon dadurch in die sekundäre Relevanz verwiesen, daß Freud auch bei den Ich-Trieben libido annimmt.

In der späteren Entwicklung seiner psychoanalytischen Charakterlehre ließ Freud den Unterschied zwischen Ich- und Sexualtrieben zum Teil fallen und unterschied dann zwischen der an das Ich und der an Objekte „fixierten" libido. Damit wird also die ganz allgemeine, alles umfassende Bedeutung des Tatbestandes „Sexualität" und zugleich die Erweiterung des Inhalts dieses Begriffes klar, die weit über die gewohnten Grenzen hinausreicht.

Libido und – in diesem Zusammenhang können wir ruhig sagen – Sexualität im Sinne Freuds sind also keineswegs nur die genitale Sexualität des Erwachsenen. Sie müssen vielmehr in einem wesentlich erweiterten und damit veränderten Sinn verstanden werden.

Der Vorwurf, daß Freud alles sexualisiert habe, ist daher unbegründet. Bei der Darstellung der Lehren von Alfred Adler und von C. G. Jung werden wir darauf zurückkommen und sehen, daß auch diese beiden bedeutenden Schüler Freuds, die sich hauptsächlich deshalb wissenschaftlich von ihm lossagten, weil sie eine allgemeine Sexualität als Grundlage des Seelenlebens nicht zugeben wollten, sich doch recht eigentlich der gleichen Anschauung zuwandten. Vorwegnehmend sei hier nur angedeutet, daß Alfred Adler seinen „Grundtrieb" auch „männlichen Protest" nennt, was man beim besten Willen nicht anders als geschlechtlich determiniert verstehen kann; und daß Jung seine „Grundenergie" ebenso wie Freud als „libido" bezeichnet, obgleich er diesen Begriff sehr erweitert, damit also unverkennbar, wenn auch wohl ungewollt, ein Zugeständnis an die Lehre vom sexuellen Charakter der Grundenergie macht.

Jung betont die Entwicklung der verschiedenartigen Abkömmlinge der libido, z. B. der Elternliebe, und meint, diese sei so wenig mehr Sexualität wie der Kölner Dom ein Mineral sei. Aber auch einen Montblanc nennt man für gewöhnlich nicht „Mineral", ohne damit seine Beschaffenheit aus Stein zu bezweifeln. Und man wird mit voller Berechtigung sagen dürfen, daß auch der Kölner Dom aus Stein sei. Das von Jung gewählte Gleichnis hat also keine Beweiskraft. Und es besteht gewiß kein Grund, an der Libido-Qualität der Elternliebe oder der anderen Libido-Abwandlungen zu zweifeln.

6. Der Witz

Freud hat sich in einem besonderen Buch mit dem Problem des „Witzes" beschäftigt. Das mag angesichts der Geringfügigkeit des Themas manchen erstaunen. Doch ging es Freud nicht um den Witz an sich. Vielmehr fand er in diesem die merkwürdigen, interessanten Erscheinungen wieder, die er bei seiner Aufdeckung der Traumarbeit, also an einem für seine psychoanalytische Forschungs- und Heilungstätigkeit überaus wichtigen Thema gefunden hatte. Hinzu kommt als bedeutsam, daß es sich beim Witz um ein heiteres, Lachen erzeugendes Produkt handelt, was die Beschäftigung mit seinem sehr ernsthaften Hintergrund anziehender machen kann. Es seien ein paar Beispiele gegeben, die von Freud selbst übernommen sind, nicht nur weil sie sozusagen original erscheinen können, sondern auch weil sie ihre aufklärende, erleuchtende und auch erheiternde Wirkung unverändert behalten haben.

Es handelt sich, wie gleich vorausgeschickt werden soll, um ein gemeinsames Merkmal: die Verwendung von gleichen oder ähnlichen, manchmal von umgewandelten Worten für gänzlich verschiedene Gegenstände.

Erstes Beispiel: Heine erzählt von einem armen Mann, der einmal mit dem Millionär Rothschild beisammen gesessen habe und das mit den Worten berichtet: „Er behandelte mich ganz famillionär".

Das entscheidende Wort ist das merkwürdige, fremd scheinende, aber im Zusammenhang unmittelbar verständliche und zum Lachen bringende Wort „famillionär". Der Erzähler wollte sagen „familiär", also vertraut, was von Rothschild ihm gegenüber ein schöner Zug, aber keineswegs lustig wäre. Er verbindet aber zugleich und sogleich diese bemerkenswerte aber ernste Tatsache mit dem Gedanken: Rothschild ist doch ein Millionär, und bei ihm kann man doch eine Gleichstellung mit einem armen Teufel nicht erwarten. Aus diesen beiden Gedankengängen bildet sich ihm das Mischwort „famillionär", das beides enthält, und zwar durch ein einziges Mischwort anstelle langweiliger Sätze, und das unwillkürlich zum Lachen reizt. Diese Verschmelzung zweier Worte, die jedes für sich einen anderen Sinn ergäben, ist die aus der Traumarbeit bekannte Erscheinung der „Verdichtung".

Hinzugefügt sei noch, daß das eigentlich zum Lachen Reizende das gänzlich unerwartete, eigenwillige und dabei bis in die Tiefen des Denkens und Fühlens hineinleuchtende Zusammenschmelzen zweier ganz verschiedener Tatbestände in einem einzigen neuen Wort ist. Diese Technik reizt zum Lachen, und dies deshalb, weil sie so überraschend etwas verstehen läßt, was eigentlich verschwiegen werden sollte.

Zweites Beispiel: Ein junger Lebemann kehrt in die Heimat zurück und besucht einen seiner Freunde. Dieser bemerkt mit Erstaunen an der Hand des Gastes einen Trauring. „Was?" ruft er aus. „Sie sind verheiratet?" Worauf er die Antwort erhält: „Trauring, aber wahr." Hier wird also wieder ein Wort verändert, und zwar so, daß es in den bekannten Satz „Traurig, aber wahr" das gänzlich andere Wort „Trauring" einsetzt. Damit wieder wird zunächst psychoanalytisch eine „Verdichtung" vorgenommen. Psychologisch bringt dies zum Lachen wegen der unerwarteten Neubildung und der durch sie so überraschend vermittelten Einsicht, daß das Verheiratetsein, das sonst eine glückliche Situation wäre, gar nicht so glücklich, sondern traurig ist. Freud nennt die Einführung des an sich unveränderten, aber etwas anderes aussagenden Wortes „Trauring" statt „traurig" eine „Ersatzbildung", und diese spielt in der Traumarbeit ebenfalls eine sehr wichtige Rolle.

Drittes Beispiel: Herr N. erzählt von einer Reise, die er mit einem andern zusammen gemacht hat, mit den Worten: „Ich bin tête-à-bête mit ihm gefahren", statt „tête-à-tête", also in intimer Gemeinschaft. Er verändert also den zweiten Teil dieser Floskel in „bête", was „dummes Tier" bedeutet. Er sagt damit kurz, klar, treffend und zugleich in geistreicher Weise überraschend und indiskret aus, er sei gemeinsam mit diesem dummen Kerl gereist. Wieder „Verdichtung" und „Ersatzbildung" aus der Traumarbeit. Wieder das eigentlich lachenmachende, das unerwartete, überraschende, tief enthüllende Wesen des neugebildeten Wortes, das alles besagt, obgleich es an sich sinnlos ist.

Diese Beispiele lassen sich in bezug auf ihre Technik durch die Mechanik der „Verdichtung" verstehen. Zwei verschiedene Worte und Begriffe werden miteinander so verbunden, daß in dem Produkt beide Ursprünge durchscheinen. Das zum Lachen Reizende daran ist das Unerwartete dieser Vereinigung, das Paradoxe.

Andere Beispiele Freuds zeigen etwas andere technische Mittel. So das Wortspiel, das darin besteht, daß die gleichen Worte verschiedenen Sinn geben können und die Verschiedenheit überraschend hervortritt. Der juristische Prüfungskandidat, der die alte Formel „Labeo ait ..." falsch übersetzt: „Ich falle, sagte Labeo ...", bekommt vom Prüfer für seine krasse

Unkenntnis die mit gleichen, nur umgestellten Worten gefaßte Beurteilung: „Sie fallen, sage ich".

Es liegt hier also das gleiche Material mit verschiedener Sinngebung vor, und das Überraschende, Komische liegt eben in diesem Gegensatz.

Die verschiedenen Kategorien, die Freud in seiner Untersuchung an zahlreichen Beispielen von Witzen aufstellt, sind vielleicht weniger wichtig als ihr Gemeinsames. Immer wieder zeigen sich Ähnlichkeiten und Verschiedenheiten des gleichen Sprach- oder Denkmaterials als verbunden. Alfred Adler hat in einer kleinen Arbeit die gleiche Technik für die Neurosen aufgezeigt als „Verschiedenheit der Bezugspunkte" gleichen Materials.

Hinzugefügt sei, daß Witze nur sozial, also vor anderen erzählt, wirken – wie ja Lachen überhaupt ein entschieden soziales Phänomen ist. Allein lacht man höchstens, wenn man sich ihre Gesellschaft wenigstens vorstellt. Die Paradoxen des Traumes sind deshalb, obwohl sie oft alle Merkmale des Witzes tragen können, nicht lächerlich, weil das Publikum fehlt und weil das Problem zu ernsthaft ist.

Besonders wirksam sind immer jene Witze, in denen durch die Gegenüberstellung zweier Bezugspunkte eine verborgene, verpönte, entstellte Wahrheit plötzlich und unerwartet durchleuchtet. Das gilt besonders für erotische und politische Witze.

Andere im Witz verwendete Mittel sind, nach Freud, der Unsinn oder auch der Denkfehler. Freud bringt dazu unter anderem das folgende Beispiel: Ein Herr läßt sich in einer Konditorei ein Törtchen geben, bringt dieses aber sofort zurück und nimmt an dessen Stelle einen Likör. Als er diesen getrunken hat, will er sich, ohne zu zahlen, entfernen. Zur Rede gestellt, warum er den Likör nicht bezahle, sagt er: „Ich habe Ihnen für den ja das Törtchen gegeben." „Ja, aber dieses haben Sie ja auch nicht bezahlt." Drauf er: „Ich habe es ja auch nicht gegessen."

Der Denkfehler, der den Witz wirksam macht, liegt darin,

daß bei dem logischen Denken hier die „Beziehung zwischen dem Zurückgeben der Torte und dem Dafürnehmen des Likörs hergestellt wird, die nicht besteht." Die Torte hat er zwar nicht gegessen und daher auch nicht bezahlt, den Likör aber hat er getrunken und ist verpflichtet, ihn zu bezahlen.

Die „Darstellung durch das Gegenteil", die ebenso im Traum wie im Witz vorkommt, besonders durch die Ersetzung des Ja durch ein Nein oder umgekehrt, sei durch ein Beispiel Freuds illustriert: Friedrich der Große läßt einen Prediger zu sich kommen, von dem erzählt wird, er verkehre mit Geistern. Er empfängt ihn mit den Worten: „Er kann Geister beschwören?", worauf der Prediger antwortet: „Zu Befehl, Majestät, aber sie kommen nicht." Statt abzustreiten, gibt der Mann zu, daß er beschwöre, aber er fügt hinzu, daß dieses Beschwören erfolglos sei, womit das Eingeständnis also aufgehoben erscheint.

Freud findet, gemäß seiner allgemeinen energetischen Auffassung des psychischen Mechanismus, die lusterzeugende Wirkung des Witzes in der durch ihn ausgeführten Energieersparung.

Jedoch sollte nicht übersehen werden, daß das allem Komischen gemeinsame Merkmal auch beim Witz entscheidend ist: das überraschende, paradoxe Zusammenstellen, Vereinigen von zwei gänzlich verschiedenen Dingen, die offenbar nichts miteinander zu tun haben und nun durch diese Zusammenstellung verborgene, vielleicht sogar verpönte Zusammenhänge erkennen lassen.

7. Die Trieblehre. Das Lustprinzip und das Realitätsprinzip

Triebe sind unmittelbare Lebensäußerungen, nach Freuds Lehre dem Bereich des „Es" zugehörig und aus diesem strömend. Sie sind Folgeerscheinungen von Mängelerlebnissen und treten auf, um dem Mangel abzuhelfen. Sie kommen zur Ruhe, wenn der

Mangel beseitigt ist. Fühlt man Mangel an Nahrung, also Hunger, so entsteht der Trieb, Nahrung aufzunehmen, und dieser Trieb bleibt solange wirksam, bis genügend Nahrung aufgenommen werden konnte, um dem Mängelgefühl ein Ende zu bereiten.

Den Trieben entgegengesetzte Äußerungen des Lebens sind die Reaktionen, die auf äußere Reize hin mittels Wahrnehmungen entstehen. Sie befinden sich im Bereich des „Ich".

Aber beiderlei Äußerungen, die Triebe im engeren Sinn wie die Reizantworten, können nach den früheren Anschauungen, und auch nach der ursprünglichen Meinung Freuds, eingeteilt werden in Selbsterhaltungstriebe, die darauf ausgehen, das Leben zu erhalten und zu entfalten, und den Fortpflanzungs- oder Sexualtrieb, der auf die Erhaltung der Art gerichtet ist.

Diese ursprüngliche Einteilung ließ aber Freud später fallen und ersetzte sie durch eine andere Theorie. Er kam nämlich zu der Auffassung, daß in dem Phänomen des sogenannten „Narzißmus" sich beide Triebgattungen, die Ich-Triebe und die Sexualtriebe, vereinigt finden. Im Narzißmus ist die libido auf das eigene Ich gerichtet. Es zielt somit die Äußerung der libido ebenso auf Selbsterhaltung wie auch auf Äußerung des Sexualtriebs. Daher hielt Freud die Gegenüberstellung der beiden unter diesem höheren gemeinsamen Gesichtspunkte nicht mehr für vertretbar. Immerhin unterteilt er nach wie vor die Ich-Triebe in Selbsterhaltungs- und in Fortpflanzungstendenzen.

Ihnen beiden aber stellt er nun in einer merkwürdigen und schwer verständlichen Weise den Todestrieb gegenüber, von dem hier aber wegen seiner mehr theoretisch-metaphysischen Natur nicht weiter gehandelt werden soll.

Der Freudsche Todestrieb ist von vielen Psychoanalytikern ungern oder gar nicht verwendet worden. Seit aber die Aggression im sozialen wie im politischen Leben eine verhängnisvolle Bedeutung gewonnen hat, wird zu deren Verständnis mit Erfolg der Begriff des Todestriebs herangezogen (vgl. z. B. Alexander Mitscherlich).

Die Trieblehre. Das Lustprinzip und das Realitätsprinzip 43

Halten wir fest, daß der Trieb aus einem Mangel und einem Mangelerleben entspringt. Dies ist keineswegs so zu verstehen, daß die besondere Art des Mangels immer bewußt ist. Meist wird vielmehr nicht einmal das Mangelempfinden als solches deutlich, sondern es wird merkbar durch eine allgemeine, mehr oder weniger unbestimmte und unbestimmbare Unruhe und Unzufriedenheit. Die Stärke des Triebes hängt nicht ausschließlich von der Stärke und Bedeutung des betreffenden Mangels ab. Sie bezieht ihre Kraft vielmehr aus der „libido" an sich, welche als eine Art von seelischem Energie-Reservoir im Menschen verstanden werden muß. Dabei wird klar, daß Freuds Auffassung eine durchaus energetische ist.

Wir haben schon davon gesprochen, daß das Wesentliche des Sexualbegriffes, so wie ihn Freud versteht, das ganz allgemein gemeinte Faktum der Lust ist. Es erübrigt sich wohl zu definieren, was Lust bedeutet. Die allgemeine Psychologie bedient sich des Lustbegriffes und des Begriffes seines Gegenteils, der Unlust, bei der Lehre von den Gefühlen. Diese werden nämlich in Lust- und Unlustgefühle eingeteilt.

Wir verstehen, vom Standpunkt der psychoanalytischen Lehre, ohne weiteres, daß Lust zum Sachverhalt der Befriedigung gehört. Damit erkennen wir Lust als das eigentliche biologische Endziel aller psychischen und physischen Reaktionen. Lust ist das Erleben des Befriedigungzustandes und damit das Erleben des Endes eines Mangels. Das Prinzip der Lust, das „Lustprinzip", wie es Freud nennt, ist also das grundlegende und bewegende Faktum am Anfang des Lebens.

Das kleine Kind und offenbar auch das Tier ist in seinem Leben zunächst überhaupt nur vom Lustprinzip beherrscht. Lustprinzip ist das Wesen und der biologische Inhalt der sogenannten „Ich-Triebe" wie der Triebe überhaupt.

Nun ist es das Wesen und zugleich die Tragik des Menschen, daß er als Ich in eine Gemeinschaft hineingeboren und hineinerzogen wird. Wir werden später sehen, daß das entscheidende und für die Bildung des menschlichen Charakters ausschlaggebende Erlebnis des Kleinkindes sein erster Zusammenstoß mit der Erziehung und mit den Erziehungspersonen ist. Während das Lustprinzip seiner Natur nach nur das Ich betrifft, zum Ich gehört und zu nichts anderem als dem Ich, wird dieses Ich durch die Notwendigkeiten der Wirklichkeit gezwungen, sich dieser anzupassen. Es tritt also alsbald dem alleinigen Lustprinzip das sogenannte „Realitätsprinzip" gegenüber. Anders ausgedrückt, das Ich wird genötigt, Zugeständnisse zu machen, sich in seinem Luststreben Begrenzungen und Beschränkungen aufzuerlegen und sich mit der Realität so gut wie möglich abzufinden.

Der Gegensatz zwischen Lustprinzip und Realitätsprinzip beherrscht die Erziehung und das Verhältnis zwischen Kind und Erziehungspersonen. Er beherrscht aber auch das Leben des Erwachsenen. Er ist das Grundproblem und der Grundkonflikt allen sozialen Lebens und Reagierens. Wir finden ihn in der Rechtspflege, indem der Rechtsbrecher die Machtmittel des Staates als des verkörperten Realitätsprinzips an sich erfahren muß. Und wir finden ihn auf dem weiten Gebiete und in den vielfältigen Formen der Neurosen. Denn diese sind ihrer eigentlichen Natur nach nichts anderes als ein mißglückter Ausgleich zwischen Lustprinzip und Realitätsprinzip im Leben eines Menschen, der nicht über die normale Fähigkeit der Anpassung verfügt.

Zu erwähnen ist hier die von Peter Hofstätter vertretene Ansicht: Alle Neurosen sind ihrer Natur nach aus dem Erlebnis eines Versagens entstanden. Das gilt namentlich von den Neurosen, die aus einem kindheitlichen Früh-Trauma oder aus einem frühkindlichen Ödipus-Erlebnis entstanden sind. Alles Versagen, jeder Mißerfolg erzeugt eine tiefe Unbefriedigtheit, eine Enttäuschung. Und diese führt unausweichlich dazu, daß das enttäuschende Erlebnis, obgleich es sehr rasch vergessen worden, also ins Unbewußte versunken sein kann, ja verdrängt wurde, zu den verschiedenartigsten „Ersatzhandlungen" führt. Das Ursprungserlebnis schafft also eine Frustration und diese erzeugt Unruhe und durch sie Ersatzhandlungen. Die Neurose ist ihrer Entstehung und Funktion nach eine solche Ersatzhandlung. Wie diese aber bringt sie keine Lösung von dem Druck der erlebten Enttäuschung.

8. *Die Charakterlehre. Das Es, das Ich, das Über-Ich*

Die Entdeckung und die konsequente Erforschung des Unbewußten durch Freud hat der Psychologie unserer Zeit eine neue Richtung und neue Zielsetzungen gegeben.

An die Stelle der früheren, bloß zergliedernden Aufteilung des Seelenlebens in Wille, Verstand und Gefühl, die kein wirkliches Verstehen der seelischen Abläufe ermöglichen konnte, trat nun die Gewißheit, daß das menschliche Seelenleben aus zwei Bereichen bestehe, die in engster gegenseitiger Beziehung stehen und ein wahrhaftes Ganzes bilden: aus dem Bewußten und dem Unbewußten. Diese Zweiteilung aber hat hier, wie so oft, nur eine methodische Bedeutung, um die Untersuchung an klare Sachverhalte knüpfen zu können. Sie bedeutete niemals die Annahme einer wirklichen Zweiteilung. Vielmehr gibt es keine einheitlichere Charakterauffassung als die der Psychoanalyse. Und dies wird in keiner Weise beeinträchtigt durch die Erkenntnis, daß neben dem bis dahin allein aufgefaßten bewußten Ich noch ein Bereich des Unbewußten vorhanden und wirksam sei.

Es sei schon hier erwähnt, daß Alfred Adler für sich das Verdienst in Anspruch nimmt, die unteilbare Einheitlichkeit der Person als Ausgangspunkt alles psychologischen Verstehens erkannt zu haben. Daher nennt er ja seine Lehre „Individual-Psychologie", was dem Wortsinn nach bedeutet und besagen soll: „Unteilbarkeits-Psychologie".

Aber mag auch dies von Adler besonders betont und in den Vordergrund gestellt werden: die Auffassung der Individualpsychologie fußt auf dem Faktum eines unbewußten Seelenlebens, wie es Freud gezeigt hat. Und der Begriff der Unteilbarkeit des Seelischen bekommt seinen eigentlichen Sinn erst durch diese Lehre vom Unbewußten, durch das Verständnis dafür, daß hinter und unter der bewußten Fassade, hinter dem bewußtseinsfähigen Verhalten als entscheidende, ja als eigentliche Triebkräfte die unbewußten Sachverhalte wirksam sind. Das aber ist immer und von Anfang an Freuds Lehre gewesen.

Wenn im folgenden von zwei, ja sogar drei Charakter-Bereichen gesprochen wird, die es nach psychoanalytischer Auffassung gibt, so darf das nur so verstanden werden, daß damit nicht eine wirkliche Teilung, eine Zerteilung gemeint sein kann, sondern nur eine theoretische Gliederung des an sich schon schwer überschaubaren Sachverhaltes.

Im Mittelpunkt des eigenen Selbstbewußtseins sowie der Beobachtung durch einen anderen steht der bewußte Bereich des Seelenlebens. Das, was Freud „die Oberfläche des seelischen Apparates" nennt, enthält alle Wahrnehmungen (von außen kommend), alle Empfindungen und Gefühle (von innen her), alle Wortvorstellungen, die Träger des Denkens sind. Wir merken sofort, daß alle diese Elemente nicht immer und nicht in jedem Augenblick voll bewußt sind, sondern manchmal unbewußt, aber jederzeit bewußtseinsfähig. Diesen Wesensbereich nennt Freud das „Ich". Es ist die nach außen gekehrte Seite der Persönlichkeit. Und es befindet sich unter dem „direkten Einfluß der Außenwelt". Das Ich „repräsentiert, was man Vernunft und Besonnenheit nennen kann". Es ist der Ort, wo das „Realitätsprinzip" anstelle des „Lustprinzips" regiert.

„Das Ich ist vor allem ein körperliches Wesen", denn „der eigene Körper ist ein Ort, von dem gleichzeitig äußere und innere Wahrnehmungen ausgehen können", der „wie ein anderes Objekt" sinnlich wahrgenommen werden kann. Der Körper ist der Träger des Schmerzes, und gerade das scheint für das Ich-Gefühl eine besondere Rolle zu spielen. Das Ich ist im Wesen das, was eine neuere Charakterauffassung (Philipp Lersch) als „noëtischen Oberbau" der Persönlichkeit aufgesetzt annimmt, so wie Freud sagt, daß das „Ich dem Es oberflächlich aufsitze".

Der Bereich der Persönlichkeit nun, der unbekannt, unbewußt, vielfach unbeherrschbar erscheint, heißt - nach einem Vorschlag von G. Groddeck, den Freud akzeptiert hat - das „Es". Es ist „die Fortsetzung des Ich", es ist das Unbewußte, das Verdrängte, der Bereich der Triebe, der Leidenschaften.

„Das Ich gleicht im Verhältnis zum Es dem Reiter, der die überlegene Kraft des Pferdes zügeln soll, mit dem Unterschied, daß der Reiter dies aus eigenen Kräften versucht, das Ich mit geborgten."

Dieser Gegensatz zwischen „Ich" und „Es" ist im Grunde der gleiche, den wir von verschiedenen anders erscheinenden Betrachtungsweisen in der modernen Psychologie und Charakterkunde verschieden ausgedrückt wiederfinden. Der Charakterologe und Begründer der modernen Graphologie Ludwig Klages unterscheidet zwischen Geist und Leben und versteht damit unter „Geist" zwar nicht genau das, was Freud als „Ich" bezeichnet, aber ein sehr ähnliches, sich in weitem Umfang begrifflich damit deckendes seelisches Faktum: den Willen, das Bewußte, im Gegensatz zu dem „Leben", das das Natürliche, das Naturgemäße ist. Für Klages ist der Geist „der Widersacher der Seele".

Die von Rothacker, Lersch, Heiss und anderen gelehrte Schichten-Teilung des Seelenlebens nennt die „Noo-Psyche" im Gegensatz zur „Thymo-Psyche" und meint mit dem ersten Begriff etwa Wille und Intellekt, mit dem zweiten die gefühlsmäßigen Inhalte des Seelenlebens, kommt also der Teilung in „Ich" und „Es" wiederum sehr nahe. Und physiologisch führt die Gegensätzlichkeit der Hirnrinde als Träger der hochentwickelten Denksphäre gegenüber der „Sub-Cortex" und dem Hirnstamm in genau die gleiche Gegenüberstellung.

Fassen wir kurz zusammen, so nimmt Freud im „Es" die natürliche, noch eher anonyme, noch nicht individuell-persönliche Unterschicht des Charakterlebens an, das allgemeine

Reservoir seelischer Kräfte und Regungen, in dem auch die libido sich findet, in das hinein Bewußtes verdrängt wird und damit bewußtseinsunfähig wird, aus dem das Verdrängte seine mannigfachen, manchmal schicksalhaften Wirkungen aussendet. Das „Ich" dagegen ist jener „dem Es aufgesetzte" Teil der Persönlichkeit, der ihre Außenschicht bildet, dem Du gegenüber ebenso wie dem eigenen Bewußtsein und Selbstbewußtsein gegenüber. Das Ich ist der Alltagsmensch, das Es seine verborgene mächtige Grundlage, die wahre Grundlage des Charakters. Beide Bereiche aber stehen in einer untrennbaren funktioinellen Einheit, eines ist ohne das andere nicht denkbar.

Und dazu tritt noch eine dritte Instanz, die Freud das „Über-Ich" oder das „Ideal-Ich" nennt, jener Ich-Teil, der als das Ergebnis der Erziehung und Entwicklung von außen her in die Persönlichkeit hineingetragen, „introjiziert" wird und der populär als das „Gewissen" bezeichnet werden kann.

Es mag vielleicht auf den ersten Blick befremden, wenn wir sehen, daß Freud das Gewissen als einen von außen her stammenden Teil der Persönlichkeit auffaßt. Man ist ja im allgemeinen geneigt, das Gewissen als den entscheidenden, ursprünglichen Teil des Charakters anzusehen, als jene Kraft, die dem Menschen von Anfang an innewohnt, ihm eingepflanzt, ihm mitgegeben ist, als ein moralisches Prinzip also, dem eine über das Persönliche hinausreichende geradezu absolute Bedeutung zukommt. Freud aber lehrt im Gegenteil, daß das Kind zunächst nur seinem Ich hingegeben lebt und keine Beschränkungen seiner Ich-Triebe, seines Lustdranges kennt noch anerkennt, daß am Anfang des Lebens der vollständige Narzißmus herrscht. Erst dann, und insoweit dem Kind in der Erziehung die Notwendigkeiten aufgedrungen werden, sich der übermächtigen Realität, verkörpert durch die Erziehung und durch die sie handhabenden Eltern, zu fügen, entsteht mit diesem Konflikt zugleich der Ansatz zu einer Anpassung zwischen Ich und Du.

Die Charakterlehre. Das Es, das Ich, das Über-Ich 49

Diese Anpassung erfolgt auf verschiedenen Wegen und in mehreren Formen.

Die eine dieser Formen wird im späteren Zusammenhang unserer Ausführungen über den Ödipus-Komplex zu besprechen sein. Man kann sie schlagwortartig mit dem von Freud vorgeschlagenen Begriff der „Identifikation" kennzeichnen. Das Kind identifiziert sich dabei, wird also durchaus und von innen her eins mit dem jeweils betreffenden Elternteil. Das Ergebnis der Identifikation ist ein entscheidender, gestaltender Beitrag zur Charakterbildung im Sinne einer Ähnlichkeit mit einem Elternteil.

Hier haben wir den anderen Weg und Vorgang zu besprechen. Der Vater – vor allem ist es eben der Vater, der hier entscheidet, wenn auch unter besonderen Verhältnissen anderes vorkommen kann – ist für das kleine Kind sehr bald die Verkörperung der Allkraft und Allmacht. Der Vater kann alles – vor allem alles, was das Kind nicht kann. Er darf auch alles – vor allem alles, was das Kind nicht darf. Und er kann vermöge seiner Allmacht und Größe dem Kind in zwingender und durchaus unwiderstehlicher Art Gebote und Verbote auferlegen. Der Vater ist also nicht nur Macht, sondern auch Gesetz und Recht in einem ganz allgemeinen und wohl dem tiefsten Sinne, der menschlichem Verständnis und Erleben überhaupt offenstehen kann.

Es sei hier eine andere, nicht weniger wichtige Entwicklungsbahn angedeutet, die sich aus dem besonderen Verhältnis des kleinen Kindes zu dem großen, übermächtigen Vater ergibt. Zunächst nämlich und für lange Zeit erscheint dem kleinen Kind, das in seinem Bettchen liegt, oder das etwa auch schon zu stehen beginnt, der Vater von oben her. Es muß zu ihm in die Höhe blicken und in die Höhe langen. Und so wird das Erlebnis des „Oben" untrennbar verbunden zunächst mit dem Erlebnis „Vater" und dann ganz allgemein mit dem Erlebnis des Gesetzes, des Ethos, also jenes geistigen Prinzips, das zwar dem Kinde nicht verständlich ist, aber von ihm in einer viel innigeren und intensiveren Weise erlebt wird. Daher kommt es, daß das göttliche Prinzip, das ja nichts anderes als dieses ist, unmittelbar nach oben verlegt und oben gesucht und gefunden wird. Die Vorstellung aller Religionen verlegt den Sitz der Gottheit hinauf.

Der Prozeß der Entwicklung in dieser Hinsicht ist aber nicht damit beendet, daß dem Kind das Prinzip der Übermacht und des Gesetzes, also des Göttlichen, zugleich mit dem Realitätsprinzip im Vater verkörpert ist. Vielmehr beginnt damit erst ein noch viel wichtigerer Entwicklungsgang. Dem Kind wird das ihm auferlegte Gesetz, das Dürfen, das Müssen, das Sollen, allmählich unmittelbares Eigentum. Es tritt, mehr oder weniger umgrenzt zunächst, aber dann immer allgemeiner, die Gesamtheit der ihm auferlegten Regeln unmittelbar in sein eigenes Ich hinein. Nicht mehr tut es, was ihm befohlen ist, oder läßt es, was ihm verboten ist, mit Rücksicht auf den Vater oder auf die Strafe. Es tut und läßt aus eigenem Antrieb oder aus eigener Hemmung. Und das ist die Geburt des Gewissens. Freud spricht hier von „Introjektion", und das bedeutet wörtlich die „Hineinwerfung" des ursprünglich äußeren und Ich-fremden Gesetzes in˙das Innere des Ich. Das Ergebnis dieser Introjektion ist das „Über-Ich" oder „Ideal-Ich".

Die Entstehung des Gewissens von außen her müßte die Abhängigkeit der Gewissensinhalte von den allgemeinen und besonderen Umweltbedingungen des Einzelnen bedeuten. Es gäbe dann also kein allgemein menschliches Gewissen, mit anderen Worten keine absolute Moral, sondern immer nur eine ort-, zeit- und kulturgebundene Moral. Natürlich aber bleibt unter noch so verschiedenartigen äußeren Verhältnissen ein gemeinsames Wirken, nämlich eben die Unterwerfung des Ich unter die Notwendigkeiten der Gesellschaft. Daher ist Gewissen und Ethos im Prinzip notwendig sozial.

Es ist eine außerordentlich interessante und zugleich sehr fruchtbare Bestätigung der Freudschen Lehre vom Über-Ich, wenn die Untersuchungen im matriarchalischen Kulturkreise ergeben, daß auch dort ein Über-Ich und ein Gewissen sich bildet, daß es aber dort nicht von der Person des Vaters bestimmt wird. Denn im Bereich des sogenannten Matriarchats hat der Vater nur die physiologische Funktion des Erzeugers in bezug auf sein Kind. Er hat aber keine Erziehungsgewalt. Diese obliegt vielmehr dem Bruder der Mutter des Kindes, also dem Onkel. Und die Person des Onkels ist es nun, die als Zentralperson der Über-Ich-Bildung und der Introjektion unter diesen Kulturbedingungen erscheint. Dies haben die Untersuchungen des amerikanischen Ethnologen Bronislaw Malinowski an melanesischen Völkern bestätigt.

9. Die erste (orale) Kindheitsstufe

Das Eigenartige und für seine Zeit besonders Kühne der Charakterlehre Freuds liegt darin, daß er den menschlichen Charakter nicht als ein unwandelbares, unveränderliches, ein für allemal „Geprägtes" (die Bedeutung des griechischen Wortes „Charakter" ist: „geprägt") ansieht. Er erkennt vielmehr und spricht aus, daß die eigentümliche persönliche Gestaltung eines Menschen ein Entwicklungsergebnis ist. Diese Entwicklung setzt schon im frühesten Kindesalter ein. Gerade die ersten drei Lebensjahre sind im allgemeinen die dafür entscheidende Periode. In dieser Zeit bilden sich die für das ganze künftige Leben maßgebenden Charakterformen. Man kann kurz sagen, daß diese „als Folge der Behandlung der Kinder seitens der Eltern entstehen" (E. Fromm).

Natürlich ist die angeborene, die mitgebrachte, die ererbte Konstitution dabei mit von Bedeutung. Das leugnet Freud selbstverständlich nicht. Aber die Konstitution ist mehr der Stoff, den die Einflüsse gestalten, nicht die Charakterform selbst.

Nun gibt es Umstände, die dazu führen, daß die Entwicklung eines Charakters und seine endgültige Bildung Störungen erfahren. Diese bestehen nach psychoanalytischer Auffassung darin, daß bestimmte Anteile früher kindlicher Entwicklungsstufen nicht restlos, also nicht „normal" in der definitiven Charakterorganisation aufgehen, in ihr integriert werden. Vielmehr beharren sie in der Form und in der Intensität, die für jene frühkindliche Stufe als normal gelten konnten, aber für die spätere Endstufe eben nicht mehr normal sind. Der erwachsene Charakter zeigt dann Verhaltensweisen und Eigenschaften, die in einer typischen Weise von der „Normalform" abweichen. In ihnen äußern sich Reste aus der Kindheitsentwicklung, und zwar möglichst in einer verhüllten, „verdrängten", nur dem psychoanalytisch geschulten Blick verständlichen „symbolischen" Erscheinungsform. So zeigt der sogenannte „anale" Charakter Reinlichkeits- und Ordnungsliebe in übersteigerter Art. Dahinter wirkt weiter der ursprüngliche Widerstand des Kindes gegen die Nötigung, sich von Stuhl und Urin reinzuhalten, der in der frühkindlichen Anal-Periode, der Zeit der Reinlichkeitserziehung normal ist, aber nicht beibehalten werden kann.

Auch aus jener ersten Frühkindheitszeit, in der der Mund beim Saugen der Muttermilch die hauptsächliche Lustvermittlung für das Kind bildete und die deshalb die „orale" Periode heißt (os, oris heißt lateinisch „der Mund"), können charakterbildende Anteile im erwachsenen Charakter vorherrschen und ihm in ungebührlicher Art kennzeichnende Züge aufprägen. Darin verrät sich ein Verharren oder ein Zurückgehen („Regression") in jene frühe Stufe, die sich in gewissen Teilbereichen des Lebens äußert. Einen so vorwiegend aus „oralen" Quellen bestimmten Charakter nennt man „Oral-Charakter". Dem frühesten Kindheitsalter, der „Säuglingszeit", eignet die Lust am Saugen, offenbar nicht ausschließlich wegen der dieser Zeit entsprechenden Art der Nahrungsaufnahme, sondern darüber hinaus sicher auch wegen des unmittelbaren Lustgewinnes mittels des Saugens. Man denke an das Fingerlutschen, das unzweideutige Befriedigung verschaffen kann, obgleich es keine Nahrung zuführt. Im Verlaufe der Charakterentwicklung verschwindet diese Saug-Lust, diese „Mund-Lust" zum Teil. Zu einem Teil bleibt sie normalerweise erhalten. Der erhaltene Teil erscheint zum Beispiel im Küssen, im Rauchen, im Viel-Reden, im Nägelbeißen etc. Der Teil der Saugelust, der normalerweise verlorengeht, kann unter Umständen aber erhalten bleiben und tritt dann in verhüllter, veränderter Form beim Erwachsenen auf.

Die äußeren Umstände, die die Entwicklung in dieser oder jener Richtung beeinflussen und die neben der konstitutionellen Anlage oder Disposition für die endgültig erscheinende Charakterformation verantwortlich sind, sind vor allem die zwei folgenden:

Entweder das Säugekind erlebt während seiner Saugperiode viel Unlust und wenig Lust, sei es daß die Mutter zu wenig Milch lieferte, sei es daß Darmkrankheiten das Kind bedrängten und dergleichen. Oder diese Periode ist im Gegenteil besonders lustgesegnet, dem Kind wurde jeder Wunsch erfüllt, die Saugperiode wurde übermäßig verlängert, kurz, das Kind wurde in dieser Zeit über die Maßen befriedigt und verwöhnt.

Je nach dem Verlauf der Lustentfaltung in dieser Zeit kann in den Fällen des „Oral-Charakters" eine besondere Gestaltung eintreten. In jedem Falle, dem der Verwöhnung ebenso wie dem der Enttäuschung, wird nach der Beendigung der Saugperiode das Kind in den nun kommenden Lebensphasen und ihren Lustmöglichkeiten erhöhte Befriedigung suchen.

Als Nachwirkung einer befriedigend und lustvoll verlaufenen Saugperiode bleibt oft eine tief verankerte Gewißheit bestehen, daß es immer so lustvoll bleiben werde, daß gar nichts Schlimmes passieren könne. Ein unerschütterlicher Optimismus, der freilich mehr das eigene Wohlergehen betrifft, während gleichzeitig oft ein solcher Optimist um andere betrübt und besorgt erscheint. Es ist eine Form dieses Optimismus, dem man oft begegnet, wenn der Betreffende aus der Zeit, in der ihm die Mutterbrust immer zur Verfügung stand, die fatalistische Überzeugung beibehält, daß ihm immer eine höhere, gütige Macht hilfreich zur Verfügung stehen werde; eine Form der Religiosität also. Daraus fließt freilich zugleich oft eine gewisse Trägheit, ein Fatalismus, da es ja scheinbar ohnehin keiner eigenen Anstrengung bedarf. Andrerseits kommt manchmal starker Appetit, starke Eßlust aus der oralen Verwöhnung jener Frühperiode.

Aus einer unbefriedigend verlaufenen Saugperiode können andere Charaktereigenschaften hergeleitet werden. Vor allem der Drang, alles haben zu wollen, stets zu fordern, nie zufrieden zu sein, sich „festzusaugen" an anderen, also „vampyrhafte" Eigenschaften, Neugier, aber auch Wißbegier, Forschungsdrang, Beobachtungslust können – neben anderen inneren Umständen – so erklärt werden und „oral" verstanden werden.

In die gleiche Richtung gehören auch der schon erwähnte Neid, die Enttäuschung als Lebenslinie, Ehrgeiz und Ruhelosigkeit. Solche Menschen können oft nicht allein sein, auch nicht für kurze Zeit. Sie haben – als Folge des Dranges nach „oraler" Befriedigung – manchmal einen unerschöpflichen Mitteilungs- und Rededrang (Logorhoe), in dem sich manchmal eine feindselig-sadistische Tendenz, eine Form des Neides erkennen läßt. Interessanterweise kommt oft zugleich mit solchem neurotischen Rededrang ein gesteigerter Urin-Drang vor, hier also wie dort die Unfähigkeit, an sich zu halten.

Fügen wir hinzu, daß in gewissen Fällen eine innere Abwehr der fordernden Oral-Einstellung erscheint, als ewiger Verzicht, als Über-Anspruchslosigkeit.

Auf das Saugen folgt das Beißen, die Zeit, in der das Kind alles mit den Kiefern und Zähnen bearbeiten will. Das Beißen ist im Gegensatz zum Saugen ein aggressiver Akt. In der Überbetonung dieser Aggressivität wurzelt, zum Teil wenigstens, der Charakterzug des Neides und der Mißgunst. Es kann aber auch andrerseits Sparsamkeit, Geiz, Festhalten des Besitzes daraus werden, oder es können diese Züge vorbereitet werden, die eigentlich dem der oralen Stufe folgenden analen Stadium zugehören. Das wird namentlich in den besonderen Fällen abnormer Sparsamkeit angenommen werden müssen, wo diese mit einer ausgesprochenen Erwerbshemmung verbunden vorkommt, wo es sich also nur um den Drang zum Festhalten, nicht zum Erlangen begehrter Objekte handelt. Solche Personen werden oft von einer krankhaften Angst gequält, sie könnten etwas verlieren.

Schließlich können gewisse Sexualgewohnheiten, die sich des Mundes oder der Lippen oder der Zunge bedienen, als „orale" Entwicklungserscheinungen angesprochen werden.

10. Die zweite (anale) Kindheitsstufe

In der ersten Periode der Säuglingszeit finden wir das unumschränkte und alleinige Vorherrschen des Lustprinzips. Der Säugling lebt ausschließlich und uneingeschränkt seiner eigenen Lust und hat keinerlei Anlaß, davon abzugehen.

Die psychologische Seite dieses Sachverhaltes ist die, daß für den Säugling weder Objekte noch Personen einer Außenwelt außerhalb seiner selbst bestehen. All sein Triebleben und Streben ist auf sein eigenes Selbst gerichtet. Seine „libido" ist ausschließlich auf sein eigenes „Ich" „fixiert". Das ist die Stufe des primären „Narzißmus".

Sobald aber der Säugling das Alter erreicht, in dem die ersten Erziehungsversuche einsetzen, beginnt ein gänzlich anderes Leben für ihn. Diese Versuche richten sich immer und in erster Linie darauf, ihn zur Reinlichkeit zu veranlassen, d. h. davon abzubringen, daß er, wie bis dahin, seine Exkremente und seinen Harn wann immer, wo immer und wie immer absetzt. Er muß – so verlangt man von ihm – lernen, daß dies nur zur gegebenen Zeit und am gegebenen Ort, auf dem Töpfchen nämlich, geschehen darf. Und um ihm das anzugewöhnen, wird er, wenn er gegen dieses erste Gebot und Verbot verstößt, bestraft. Er erlebt also die erste Unlust von seiten der Außenwelt. Das „Realitätsprinzip", ihm bisher gänzlich unbekannt, beginnt die Herrschaft in seinem Leben anzutreten und das bisher allein geltende Lustprinzip einzuschränken.

Es muß verstanden werden, welch ungeheure, welch tief einschneidende Bedeutung diese Neuerung für das Kind hat. Es ist nicht nur schlechthin die Einschränkung seiner bisher schrankenlosen und schrankenlos genossenen Freiheit. Es ist mehr als das. Anstelle der Lust als alleinigem Lebensinhalt lernt es nun seitens der Erzieher Unlust kennen und zwar in einer Weise, die ihn dazu bringen muß, durchaus gegen seinen Willen, auf Lustgewinne zu verzichten, weil sie an eine größere Unlust, die Strafe nämlich, gebunden wären. Es muß die Wirklichkeit, die ihm bis dahin unbekannt war und nicht für ihn bestand, zur Kenntnis nehmen und sich ihr anpassen. Seine bisherigen Lustziele müssen verschwinden. Aber das Lustprinzip an sich ist darum nicht auch schon verschwunden. Es muß nur nach anderen faktischen Lustzielen Umschau halten. Und es ist wichtig zu verstehen, daß es lernt, gerade aus den Unlust erzeugenden neuen Lebensumständen neue, andere Lust zu ziehen.

In welcher Weise geschieht das? Ehe wir uns dazu wenden, muß noch ein Wort darüber gesagt werden, was als zweite unendlich wichtige Neuerung im Leben des Kindes in diesem Zeitpunkt auftritt: Es lernt in den tätig auftretenden Erziehern, die bis dahin nur höchstens Lustbringer waren und vom eigenen Ich gar nicht unterschieden erlebt wurden, Widerstände kennen. Diese Widerstände werden ihm von selbst zu „Gegen-Ständen", zu „Objekten" und stellen sich ihm, dem Ich, als das Du entgegen. Es muß sich von nun an und in aller Zukunft mit diesem Du abfinden. Und so muß denn auch zunächst ein Teil seiner Triebenergie, die vorher ausschließlich das eigene Ich zum Gegenstand hatte, an dieses „fixiert" war, sich diesen Objekten – die wir besser als Subjekte bezeichnen sollten – zuwenden. Es entsteht die erste Objektliebe mit allen ihren umstürzenden und weitführenden Folgen.

Die zweite (anale) Kindheitsstufe 57

Was geschieht nun – wir kehren zum sachlichen Reaktionsablauf zurück – infolge des Zusammenstoßes des Kindes mit der Wirklichkeit, infolge der ersten Wirkung des Realitätsprinzips in seinem Leben? Die erste durchaus verständliche Reaktion des Kindes gegen den ausgeübten Erziehungs- und Reinlichkeitszwang ist Widerstand, Trotz. Der Unterschied zwischen Widerstand und Trotz als Verteidigungsreaktion einerseits und Aggressivität gegen den Störer andererseits ist kaum wesentlich. Er ist mehr durch die tatsächlichen Kräfte-Verhältnisse als durch innere Umstände bedingt. Nun kann aber das Kind seinen Widerstand weder wirklich durchführen noch kann es auch nur dauernd bei ihm verbleiben. Es muß kapitulieren. Und das tut es schließlich auch. Äußerlich und im bewußten Leben anerkennt es die Forderungen der Reinhaltung und hält sich daran. Aber der ursprüngliche Widerstand, der sozusagen ein prinzipieller ist, der der Ur-Gegensatz des Ich gegenüber dem Du ist, des Individuums gegenüber der Gesellschaft, ist dennoch nicht vollständig aufgegeben. Er ist, da er bewußt und real keine Möglichkeit mehr behält, ins Unbewußte „verdrängt" worden. Und er erscheint nach außen hin nur mehr als unverständliche, unmotivierte und daher um so verwerflicher erscheinende „Unart" oder als böse Eigenschaft. Und zwar erscheint er als Eigensinn, als Trotz, als Hartnäckigkeit, als „Schwierigkeit" des Kindes, nicht mehr in einem sichtbaren und erkennbaren Zusammenhang mit dem Grundproblem, der Reinlichkeitserziehung, die scheinbar vollständig akzeptiert ist, aber dennoch in einem inneren Zusammenhang damit.

Das ist aber nicht alles. Die Notwendigkeit der Reinlichkeit selbst ist nicht nur Zwang, gegen den protestiert werden muß. Sie ist auch eine inhaltlich wichtige neue Ordnung. Es gilt eben, Ordnung und Reinlichkeit einzuhalten. Und das ergibt als sichtbare Folgen: Reinlichkeitsliebe, Ordnungsliebe, Sinn für Symmetrie und Zeiteinteilung, kurz: alle Erscheinungen und Eigenschaften, die sich ohne weiteres in die neue Ordnung einfügen und sich zu ihr bekennen. Sie sind aber nicht nur Anerkennung, sondern weit mehr als das: Sie sind charakterbildende Faktoren, sind Charaktereigenschaften geworden. Die Erziehung führt also zur indirekten und zur direkten Charakterbildung des Kindes. Denn diese Eigenschaften, sowohl die des Trotzes wie die der Ordnung, werden zu bleibenden Eigenschaften, und sie werden es erst von da ab. Sie waren vorher nicht da, es sei denn, daß sie als Disposition vorhanden gewesen wären. Unter Umständen mögen sie teilweise, aber gewiß *nur* teilweise, als direkter Einfluß des Beispieles der Eltern oder der älteren Geschwister angesehen werden können. Freilich nicht einfach als Nachahmung, sondern in einer weit tiefer wirkenden Art, nämlich als „Identifikation", von der noch zu sprechen sein wird.

Noch eine dritte Quelle charakterbildender Umstände ist zu betrachten, die besonders paradox und am wenigsten unmittelbar einleuchtend erscheinen mag. Das Kind wird durch die Gebote und Verbote der einsetzenden Reinlichkeitserziehung auf die Exkremente aufmerksam gemacht, die ihm bis dahin unbetonte Lustgegenstände waren wie alles andere. Daraus muß sich ergeben, daß diese Gegenstände, der Kot nämlich, zu Wertgegenständen werden. Denn Wert ist ja unter allen Umständen immer nur relativ, und im Grunde gibt es keine absoluten Werte. Das Kind beginnt sich für den Kot, für den es früher ein gänzlich naives, „interesseloses" Interesse hatte, zu interessieren. Es beginnt aus ihm Lustgewinne zu ziehen. Es ist bekannt, daß kleine Kinder mit ihrem Kote spielen, sich damit beschmieren, ihn sogar in den Mund stecken. Ekel vor dem Exkrement ist dem Kinde an sich ebenso fremd wie dem Tier. Er stellt sich erst infolge der Erziehung ein. Solange das aber nicht der Fall ist, ist der Kot nicht ekelhaft. Es besteht also gar kein Grund für die Mutter, wegen dieser „unnatürlichen" Vorliebe ihres Kindes für den ekelhaften Kot zu verzweifeln, obgleich dadurch freilich der Mutter größere und noch dazu recht unappetitliche Arbeit verursacht wird.

Aber das Kind beginnt in noch anderer Art mit seinem Kot zu spielen, indem es das Kotabsetzen entweder verzögert, den Stuhl zurückhält, oder umgekehrt, indem es ihn reichlich und häufig von sich gibt; es ist das „Halten" und „Hergeben" eines Objekts, dem seitens der Eltern ein besonderes Interesse und damit ein besonderer Wert beigemessen wurde.

Diese Sachverhalte kann jeder, der dazu Gelegenheit hat, leicht an Kindern dieser Entwicklungsstufe feststellen. Uns obliegt nun, die weiteren Wirkungen dieser Tatsachen zu verfolgen und zu verstehen.

Es wurde schon davon gesprochen, daß die Trieb-Tendenzen des Kindesalters sich im wesentlichen bis in das Erwachsenen-Alter erhalten. Dann aber wirken sie in einer anderen Relation. Was in der Kindheit ausschließlich oder vorwiegend natürlich ist, ist beim Erwachsenen normalerweise nur mehr zu einer untergeordneten, teilweisen Mitwirkung am Triebleben des Gesamtcharakters zugelassen. Was an ursprünglicher Trieb-Bedeutung darüber hinausging, ist – normalerweise – auf dem Wege der Entwicklung untergegangen. Soweit das – abnormalerweise – nicht der Fall war, wird der solcherart erhaltene Partialtrieb eine Anormalität der Erwachsenen-Struktur. So verhält es sich auch mit den der analen Stufe entspringenden Eigenschaftskeimen.

Trotz, Eigensinn, die man mit voller Berechtigung zusammenfaßt als „Anal-Sadimus", machen den reifen Charakter, wenn sie in ihm die Grenze des „normalen" Partialtriebes, der jedem Menschen eigen ist, überschreiten, zu einem „sadistischen", unter Umständen auch im Sinne einer sexuellen Perversion. Diese äußert sich darin, daß der Sadist aus Schmerzen, die er dem Sexualpartner zufügt, sexuelle Lust bis zum vollständigen Orgasmus gewinnt, so daß sogar der eigentliche Sexualakt überflüssig werden kann.

Auch ohne diese äußerste Übersteigerung aber ist Eigensinn, Eigenwilligkeit, Herrschsucht, Hartnäckigkeit, Aggressivität, kritische Einstellung und noch manches andere in dieser Richtung, soweit dadurch der Gesamtcharakter einseitig verändert ist, als abnormale Nachwirkung der analen Frühperiode anzusehen und stempelt den Charakter zum „Anal-Charakter". Reinlichkeit, Ordnungssinn, also an sich recht willkommene und sozial positiv gewertete Qualitäten, können auf gleiche Art abnormal entwickelt werden, indem sie im reifen Charakter zu stark vorherrschen und diesen abnormal gestalten. Übermäßige, objektiv nicht mehr zu rechtfertigende Reinlichkeit – wie sie bei manchen Hausfrauen vorkommt, die vom frühen Morgen bis in die Nacht hinein mit Bodenaufwaschen, Staubwischen und ähnlichen Tätigkeiten nicht aufhören können und damit nicht etwa ein schönes, sondern ein höchst ungemütliches, ungastliches Heim schaffen, ohne das zu begreifen – solche Über-Reinlichkeit ist hierher zu rechnen. Die Menschen, die kein Stäubchen auf ihrem Rockärmel dulden können, die auf ihrem Schreibtisch eine stets gleichbleibende feste und genaue Ordnung haben müssen, wenn sie nicht gestört sein sollen; Menschen, die wie eine lebendige Uhr ihre Gewohnheiten nach Minuten einrichten und einhalten müssen – das sind „anale" Charakterformen. Überschreiten diese Formen die Grenzen des „Normalen", dann spricht man unter Umständen von der „Zwangsneurose". Ein solcher Zwangsneurotiker muß etwa genaue „Riten" einhalten, um seine Ruhe zu behalten und um nicht durch eine unüberwindliche Angst verstört zu werden. Die charakterologische Wurzel solcher Abwegigkeiten liegt in der Anal Entwicklung.

Die dritte Quelle, das erwähnte Spiel mit den Exkrementen, kann einen besonderen Entwicklungsweg nehmen. Wenn sich diese „anale" Neigung nicht auf dem Wege der Entwicklung resorbiert, dann kann aus dem Spiel mit dem Kot mancherlei Merkwürdiges entstehen. Der Kot wurde, wie wir sahen, durch die Erziehung plötzlich zu einem Wertobjekt. Und er ist ein Ding, das zur Verfügung und innerhalb der Verfügungsgewalt des Kindes steht. Er hat also alle Kriterien eines Wertobjektes, eines Vermögenswertes. Und die kindliche Sucht, diese Verfügungsmöglichkeit als Lustquelle auszunutzen, besonders durch die Übung des „Haltens" oder des „Hergebens", wird im erwachsenen Anal-Charakter zu dem Charakterzug der Sparsamkeit, des Geizes, der Erwerbssucht, der Besitzlust oder umgekehrt der Verschwendungssucht. All dies sind „anale" Eigenschaften.

Ein bemerkenswerter Fall (der von Karl Abraham berichtet wurde) illustriert die anale Schwierigkeit, Gegenstände des Besitzes, seien sie auch wertlos, fortzuwerfen: Eine Frau, die auch sonst ausgeprägte anale Wesenszüge zeigte, war außerstande, unbrauchbar gewordene Gegenstände fortzuwerfen. Von Zeit zu Zeit wollte sie das aber tun. Dazu erfand sie eine Methode, um sich gewissermaßen selbst zu überlisten. Sie ging dann von ihrer Wohnung in den benachbarten Wald. Beim Verlassen des Hauses steckte sie den betreffenden Gegenstand locker hinter ihrem Rücken unter ihr Schürzenband. Auf dem Wege in den Wald verlor sie ihn dann. Und dann ging sie auf einem anderen Wege nach Hause zurück.

Die unmittelbare Beschäftigung des Kindes mit seinem Kot kann im Erwachsenen die Gestalt einer besonderen Neigung zum Modellieren annehmen. Unter Umständen kann die Wahl des Bäckerberufes oder des Bildhauerberufes auf solche „analen" Quellen mit zurückgeführt werden.

Fügen wir hinzu, daß sich hinter der Reinlichkeitsliebe, namentlich wenn sie übertrieben ist, oft auch eine aktuellere Tatsache verbirgt, und zwar ein Schuldgefühl wegen irgendwelcher verpönter, oft nicht eingestandener oder gar bewußter „Schweinereien". So führt zum Beispiel das aus der Onanie stammende Schuldgefühl bei Kindern oft zu allerlei Reinlichkeits- oder Ordnungsexzessen.

11. Der „Ödipus-Komplex" und der Narzißmus

Das Kind gerät in die Welt in einem Zustande, in dem es nach keiner Richtung und in keiner Weise fähig ist, sein Leben zu erhalten. Auf sich selbst angewiesen, müßte der neugeborene Mensch unfehlbar in der kürzesten Zeit zugrunde gehen.

Aber in der Regel ist er niemals auf sich selbst angewiesen. Vielmehr wird ihm von der ersten Sekunde seines selbständig gewordenen Lebens an, von seinem ersten Schrei und Atemzug, die sorgsamste Hilfe zuteil, seitens seiner Mutter vor allem andern und seitens seines Vaters. Die Eltern erfüllen dabei eine zweifache Rolle und Aufgabe gegenüber dem Neugeborenen: Sie ermöglichen ihm erst, sein Leben, dessen Entstehung sie verursacht haben, zu erhalten und zu entwickeln; und sie stellen ihm als neuem Individuum gegenüber das „Du", die Gesellschaft dar, sie sind die ersten und zugleich die wichtigsten Vertreter der Gemeinschaft, der der Neugeborene hinfort angehören wird.

Er ist aber seinerseits zunächst durchaus unfähig – und man möchte fast sagen, unbereit – als soziales Wesen, als „politisches Tier", wie Aristoteles den Menschen im allgemeinen nennt, zu reagieren. Der Neugeborene ist vielmehr in seiner ersten Lebensperiode ausschließlich unsozial, also individualistisch im ausgeprägtesten Sinn, „narzißtisch" geartet. Er ist in allen seinen Lebensregungen auf nichts anderes als auf sein eigenes Ich, auf seine eigenen Bedürfnisse und deren Erfüllung, auf seine eigene Lust eingestellt. Seine „libido" ist nur auf sein eigenes Ich fixiert. Sie hat kein anderes Objekt als das eigene Ich. Das Ich des neugeborenen Menschen bedeutet Wunsch- und Trieberfüllung, Lust-Gewinn, ausschließliche Herrschaft des „Lust-Prinzips", ohne daß noch die versagende und fordernde Wirklichkeit, das „Realitäts-Prinzip" irgendeine Rolle zu spielen hätte. Das Ich ist in weitem Umfang durch den eigenen Körper repräsentiert, dessen Bedürfnisse es sind, dessen Lustziele es sind, die herrschen, und dessen Körperteile und Glieder (Arme, Beine, Zehen, Finger) ihm als Objekte seiner Greif- und Spielbewegungen dienen.

So wie der antike mythische Narziß, ein schöner griechischer Jüngling, als er sich in einem Wasserspiegel zum ersten Mal erblickte, sich in sich selbst verliebte und von da ab nur mehr sich selber und niemand andern zu lieben bereit und fähig war – deshalb verwandelten ihn die Götter in die Blume, die nach ihm „Narzisse" genannt wurde – so ist dem Neugeborenen kein anderes Liebesobjekt zugänglich als er selbst.

Psychoanalytisch wird unter „Narzißmus" die Unfähigkeit verstanden, die libido, also die Liebes- und Bindungsfähigkeit auf ein ich-fremdes Objekt zu fixieren. Sie ist an das eigene Ich, an den eigenen Leib fixiert. Dem Kleinkind geht die Möglichkeit solcher Objekt-Liebe gänzlich ab. Das ist der Zustand des „primären Narzißmus".

Es kommt aber auch vor, daß im Laufe des Lebens die Fähigkeit der Objekt-Bindung vorübergehend (oder bleibend) verlorengeht. Das geschieht zum Beispiel, wenn ein geliebter Mensch stirbt oder aus dem eigenen Leben verschwindet: Dann hat die libido ihr Objekt verloren und wendet sich auf das eigene Ich zurück. Das nennt Freud „sekundären Narzißmus". Bekannt ist die Erscheinung, daß ein wirklich trauernder Mensch das Interesse an anderen Menschen einbüßt.

Die Erfassung des „Narzißmus" nötigte Freud übrigens, seine zuerst aufgestellte Trennung der Triebe in Ich- und Sexualtriebe aufzugeben. Denn im Narzißmus fallen die beiden Triebrichtungen zusammen.

Den Terminus „Narzißmus" übernahm Freud, wie er selbst erzählt, einer von P. Näcke beschriebenen Sexualperversion, in welcher das erwachsene Individuum den eigenen Leib mit Zärtlichkeiten bedeckt (Autoerotismus).

Für Freud und die Psychoanalyse ist aber der Narzißmus keineswegs eine Perversion, sondern ein Seelenzustand, der innerhalb normalen Seelenlebens erscheint. Hier wie auch bei anderen Gelegenheiten hat Freud, wie z. B. beim Sadismus oder Masochismus, nicht das Abnormale angezielt, sondern von diesem die verschärfte Erkenntnis des normalen Seelenlebens gewonnen.

Wir sehen, daß die äußerste Abhängigkeit des hilflosen Kindes von der Gemeinschaft gleichzeitig mit der äußersten und kompromißlosen Beschränkung aller seiner „Liebes"-Möglichkeiten auf sein eigenes Selbst auftritt. Friedrich Nietzsche sagt einmal: „Das Du ist älter als das Ich" und will damit ausdrücken, daß das Ich-Gefühl erst durch die Gegenüberstellung zum Du, zum Anderen, begründet werden kann. Und ganz ähnlich, wenn auch weniger geistreich zugespitzt, meinen die allerneuesten Zweige am Baume Freudscher Psychoanalyse, vertreten durch die in Amerika lebenden und lehrenden Erich Fromm und Karen Horney, daß es die Gemeinschaft sei, die die entscheidende Rolle für die Persönlichkeit des Einzelnen spiele. Aber diese Frage zu formulieren, was wichtiger und was früher sei, das Individuum oder die Gesellschaft, bedeutet schon, das Problem von vornherein unrealistisch zu erfassen.

Wer so fragt, wertet schon vorweg. Er nimmt die Endbewertung, also die Antwort auf die Frage schon voraus. Wie aber die Antwort ausfällt, hängt nicht von der objektiven Wahrheit ab, sondern von der subjektiven Einstellung des Fragestellers. Mit anderen Worten: Mit der gleichen Berechtigung kann man das „Du" wie auch das „Ich" als älter ansehen. Gewonnen wird damit nichts, wenn so gefragt und darauf so oder so geantwortet wird. Individuum und Gemeinschaft gehören zusammen und bedingen einander gegenseitig. Es gibt kein Ich ohne Du, aber auch kein Du ohne Ich.

Die Entwicklung geht von diesem frühesten Stadium der extremen Hilflosigkeit und der gleichzeitigen aufs äußerste ichbezogenen Reaktionsweise des Neugeborenen aus.

Die Doppelrolle der Eltern, als Lebenshelfer wie als Vertreter der menschlichen Gemeinschaft, bringt es mit sich, daß das Kind sehr bald diese Eltern zur Kenntnis nimmt. Es erkennt sie. Sie werden alsbald die ersten Objekte seiner zunehmenden Wahrnehmungsfähigkeit. Sie werden damit sogleich auch Gegenstand der triebhaft-emotionellen Zuwendung seiner „libido". Die nährende und pflegende Mutter, der schützende, befehlende Vater – wenn man die in unserer Gesellschaft vorherrschende Funktionsverteilung zwischen den Eltern als die Regel annimmt – gewinnen allmählich eine schicksalhafte Bedeutung für die seelische und charakterliche Entwicklung des Kindes.

Sie gewinnen Einzelgestalt aus der verschwommenen Vielfältigkeit der Umwelt, sie werden zum Gegenstand, was seinem Wortsinn nach bedeutet „entgegenstehend", aber auch „Wider-Stand". Die Wahrnehmungswelt des bisher auf sich selbst beschränkten Kindes erweitert sich nach außen hin und wird zugleich differenzierter. Das ist keineswegs nur eine auf die Intellektsphäre beschränkte Entwicklung. Wichtiger noch als das reine Wahrnehmen ist hier die Loslösung des Ich vom eigenen Selbst, ist die Erweiterung der Umwelt, also der eigenen Welt, des Lebensbereiches und des Seelenbereiches. Die libido des Kindes beginnt damit, sich an Objekte außerhalb des Ich zu fixieren. Mehr noch: nicht nur quantitativ wird der Objekt-Bereich gewonnen und bereichert. Auch qualitativ differenziert er sich für das Kind mit diesem Stadium seiner Entwicklung. Die Beziehungen zu Mutter und Vater und damit sofort auch zu allen anderen „Du"-Objekten werden unterschiedlich erlebt. Das Geben und das Verweigern, je nach Mutter und Vater, begründet verschiedenartige, besondere Beziehungsqualitäten: das eine Zuneigung, Liebe, das andere Ablehnung, Haß. Es sind die ersten und zugleich entscheidenden Gefühle und Affekte, welche auf den gänzlich undifferenzierten Narzißmus des Kindes folgen und an seine Stelle zu treten beginnen. Beiden Objektbeziehungen gemeinsam ist eines: die weitaus überragende Macht- und Kraftfülle der Mutter sowohl wie des Vaters gegenüber dem kleinen macht- und hilflosen Kleinkind. Sie, besonders aber der Vater, erscheinen ihm als übermächtig und ungeheuer. Das Kind muß zu ihnen aufsehen, im engsten körperlichen Sinn wie auch in jedem anderen Sinne. Die Gesellschaft also, die die Eltern vertreten, wird durch sie und an ihnen als höchste Gewalt erlebt. Sagen wir gleich hier, daß hiermit die eigentliche soziale Erziehung und Entwicklung des Kindes einsetzt, die Entstehung des Gewissens, das man gerne als angeboren ansehen möchte, und das doch von außen her herangebracht, in das Kind hineingelegt wird.

Das, was Vater und Mutter befehlen oder verbieten, ist und wird – namentlich vermöge der Strafmöglichkeit und des Zwanges, den sie auszuüben imstande und bereit sind – Gesetz im ursprünglichen und im eigentlichen Sinn. Diesem Gesetz zu gehorchen, heißt für das Kind, das „Realitäts-Prinzip" über das bisher ausschließlich herrschende „Lust-Prinzip" stellen. Das ist die Eingliederung des Ich in das Du und sein Gesetz. Und das Gesetz, so verkörpert durch die übermächtigen, belohnenden und strafenden Eltern, wächst unmittelbar in die Persönlichkeit des Kindes hinein. Es wird zu einem Teil des Ich, zu dem, was man „Gewissen" nennt. Freud nennt es das „Über-Ich", weil es über das Ich zu herrschen, es aus seiner ausschließlichen Alleingeltung herauszuwerfen unternimmt.

Es ist keineswegs eine äußerliche Nachahmung, die hier wirksam wird. Auch nicht einfach die Furcht vor Strafe und die Sucht nach Belohnung. Es ist ein viel intensiverer und weit intimerer Prozeß. Freud bezeichnet ihn als „Introjektion", als Einbeziehung in das Ich. Unter einem etwas anderen Gesichtspunkte spricht er hier von „Identifikation". Das Kind identifiziert sich allmählich mit diesen lohnenden und strafenden, übermächtigen Gesetzgebern, es wird sie selbst, indem es ihnen nachzuleben, nicht bloß sie nachzuahmen strebt, als „Idealen". Das „Über-Ich" ist zugleich auch das „Ideal-Ich", das Ziel des kindlich-menschlichen Strebens und des Ehrgeizes, nicht bloß das Produkt des „bedingten Reflexes".

Aber noch ein Umstand beherrscht diese erste Objekt-Beziehung des Kindes zu seinen Eltern: der Unterschied zwischen

Mutter und Vater nach ihrem Geschlecht, nicht bloß nach ihrer gebenden oder verweigernden Begegnungsart. Die Mutter ist ja zugleich auch Frau, der Vater zugleich auch Mann. Es ist von Anfang an bis heute immer eines der am leidenschaftlichsten betonten Argumente gegen die Psychoanalyse und gegen Freud gewesen, daß es unrichtig, ja abscheulich sei, dem kleinen Kinde irgendwelche geschlechtlichen Regungen und Gefühle zuzumuten. Doch kann es einem unvoreingenommenen Beobachter der Kinder nicht zweifelhaft sein, daß diese schon sehr früh ein sehr offensichtliches Interesse für Dinge am eigenen wie am fremden Körper zeigen, besonders auch für die Geschlechtsorgane. Das Spielen des Kindes am eigenen Geschlechtsteil, die sogenannte kindliche Onanie, über die die meisten Eltern so sehr entsetzt und beschämt sind, ist zunächst nur die gleiche Lust-Suche am eigenen Körper wie etwa das Fingerlutschen. Aber beides ist im Wesen sehr ähnlich, beides ist Suche nach Lust an sich, beides verschafft Lust unabhängig von einer realen Befriedigung eines wirklichen Mangels, etwa des Hungers. Gerade diese Ähnlichkeit zeigt, daß die von Freud angenommene „Erotik" beim Kinde nicht dieselbe ist wie beim Erwachsenen. Das könnte schon deshalb nicht sein, weil dem Kinde gar nicht das entwickelte Genitale zur Verfügung steht, das für die sexuelle Lust im engeren Sinne nötig ist. Und doch ist es beim Kinde erotische Lust, erotisch in jenem weiteren und richtigeren Sinn einer an sich zweckfremden, einer nur lustgebundenen Befriedigung. Das Kind scheidet freilich noch nicht zwischen erotischer und anderer Lust. Diese Unterscheidung ist erst das Ergebnis der weiteren Entwicklung und Erziehung. Denn im allgemeinen verursacht die Betätigung kindlicher Erotik besondere Maßnahmen der Erziehungspersonen, etwa besonders betonte Verbote oder gar Drohungen mit den schrecklichen Folgen solcher Betätigung. Das Kind muß bald erkennen, daß es einen Unterschied zwischen Lust und Lust gibt, und es richtet sich alsbald danach. Es verhehlt oder unterdrückt soweit wie möglich seine „Erotik".

Zu den nicht gerne zugegebenen, aber in Wahrheit nicht bestreitbaren Äußerungen kindlicher Erotik gehört auch die differenzierte Einstellung des Kindes zur (weiblichen) Mutter und zum (männlichen) Vater. Aber so wenig man an sich geneigt sein mag, derlei anzuerkennen, kann man es eben doch nicht übersehen. Der Junge benimmt sich anders zur Mutter als zum Vater, das Mädchen in seiner Art ebenfalls verschieden zu diesem und zu jener. Das zeigt sich schon recht bald, wenn auch noch nicht in der allerersten Kindheitsperiode.

Daß es einen Unterschied zwischen Knaben und Mädchen gibt, wird jedem Kind bald klar, wenn es ihn auch nicht gleich erfaßt. Zunächst bleibt es ihm eine Vermutung. Das Kind weiß um Unterschiede, vermag sie aber nicht zu erklären. Die hübsche Geschichte, die Balzac erzählt, ist wahr: Zwei Kinder stehen vor dem Bild, das Adam und Eva in paradiesischer Nacktheit zeigt. Fragt das eine: Wer ist nun der Adam und wer die Eva? Und das andere antwortet: Das kann man doch erst sagen, wenn man sie in Kleidern sieht. Aber doch merkt das Kind, sobald es nun einmal mit anderen Kindern zusammenkommt, durch eigene Beobachtung, daß dem Mädchen ein Körperteil fehlt, den der Knabe hat. Es stellt über diesen Unterschied allerlei Theorien auf und fühlt sich jedenfalls als Knabe bevorrechtet, aber bedroht, als Mädchen aber benachteiligt. Um so mehr als der Knabe, wenn er mit seinem kleinen Penis spielt, meist damit bedroht wird, daß ihm dieser abgeschnitten werden oder abfallen würde, wenn er nicht sofort mit diesem Spiel aufhöre. Sieht er nun, daß das kleine Mädchen keinen Penis hat, so ist ihm das die Bestätigung, daß es keine leere Drohung sei, daß er also wirklich um seinen Penis kommen könne. So entsteht das, was man „Kastrationsangst" nennt, was in der Kindheit des Mannes eine große Rolle spielt und in seiner nachwirkenden Bedeutung aus den Analysen der männlichen Neurosen immer wieder unmißverständlich entnommen werden kann. Wie denn überhaupt die Annahme einer kindlichen Erotik im psychoanalytischen Sinn zunächst auf Erfahrungen in der Psychoanalyse erwachsener Neurotiker zurückging. Immer wieder nämlich zeigte sich dabei, daß der Ursprung der neurotischen Störung in sexuellen Erlebnissen der frühen Kindheit gelegen sei. Die dem Kastrationskomplex des Jungen entsprechende Erscheinung bei Mädchen ist der „Penis-Neid", das Gefühl der Zurückgesetztheit gegenüber dem penisbesitzenden Knaben.

Der Unterschied der Geschlechter bleibt dem Kinde also nicht lange verborgen, wenn er ihm auch gewiß noch lange nicht wirklich klar wird. Wie sollte es aber auch den Unterschied des Körpers der Mutter von dem des Vaters nicht erkennen, vor allem wenn es Gelegenheit hat, sie auch entkleidet zu sehen. Es hieße das Kind und seine Beobachtungsgabe unterschätzen, wollte man wirklich annehmen, es „verstehe" das ja doch nicht.

Und es ist der Gechlechtsunterschied und gewiß nicht nur der vorhin besprochene Unterschied des Gebenden und des Verweigernden, was hier die jeweils verschiedene Reaktion und Einstellung des Kindes zu Mutter und Vater bedingt. Der Knabe benimmt sich zu seiner Mutter wie ein kleiner Mann, in seiner Zärtlichkeit, in seinem männlichen Besitzwunsch, und zugleich zum Vater in einer anderen Art von Zärtlichkeit, die oft deutlich mit Eifersucht verbunden ist. Der kleine Sohn will die Mutter heiraten, wenn er einmal groß ist. Und genau ebenso, nur umgekehrt, behandelt das kleine Mädchen den Vater wie eine kleine Frau: sie will ihn dann später zum Mann haben.

Dies nun, die erotische Bindung des Knaben zur Mutter, des Mädchens zum Vater und die damit verbundene Eifersuchtsbeziehung des Knaben gegenüber dem Vater, des Mädchens gegenüber der Mutter, nannte Freud den „Ödipus-Komplex". Er nahm diesen Ausdruck aus der griechischen Sage vom König Ödipus von Theben, die auch von dem griechischen Dramatiker Sophokles im 4. Jahrhundert vor unserer Zeitrechnung in drei Theaterstücken gestaltet wurde, „König Ödipus", „Ödipus auf Kolonos" und „Antigone".

Der Inhalt der alten Ödipus-Sage ist kurz der folgende: Dem König Lajos von Theben wird die Prophezeiung zuteil, daß der Sohn, den ihm seine Gattin Jokaste gebären werde, ihn töten und die eigene Mutter heiraten werde. Entsetzt darüber beschließt er, das Kind zu töten. Er läßt es gleich nach seiner Geburt in der Wildnis aussetzen – ein Sagenmotiv, das auf der ganzen Welt sehr verbreitet ist, das ebenso im alten Babylon (Gilgamesch, Sargon), in Alt-Persien (König Kyros), in Rom (Romulus und Remus), in Griechenland (Perseus, Zeus), in Deutschland (Gregor vom Stein) und nicht zuletzt in der Moses-Geschichte vorkommt. Das Kind aber wird von Hirten gerettet und wächst am Königshof in Korinth auf, ohne zu wissen, daß seine Pflegeeltern nicht seine wahren Eltern sind. Mannbar geworden, zieht er in die Welt. In einem Hohlweg trifft er auf seiner Wanderung einen alten Mann in einem Wagen. Es entsteht ein Streit, und der junge Ödipus erschlägt den Alten. Er zieht weiter und gelangt nach Theben, wo ein halbtierisches Ungeheuer, die Sphinx, die Stadt verheert. Es gelingt ihm, diese zu besiegen, indem er ein von ihr ihm vorgelegtes Rätsel löst, worauf die Sphinx sich selbst tötet. Zum Dank für die Errettung der Stadt wird Ödipus König von Theben, und die eben verwitwete Königin Jokaste wird ihm zum Weib gegeben, ohne daß er oder sie eine Ahnung haben, daß sie in Wirklichkeit Mutter und Sohn sind. Nach langer glücklicher Ehe, der Kinder entsprießen, wird offenbar, daß Ödipus seinen eigenen Vater getötet habe, jenen Alten im Hohlweg, und daß seine Gattin Jokaste eigentlich seine Mutter sei. Jokaste sühnt diese ungewollte Sünde durch Selbstmord. Ödipus aber blendet sich selbst und verläßt als Bettler, nur von seiner Tochter Antigone begleitet, sein Königreich.

In dieser Sage finden sich die Motive der Inzest-Neigung des Knaben und seiner Eifersucht, seines Todeswunsches gegenüber dem Vater-Rivalen. Die die Kindheitserotik beherrschenden Motivierungen haben also in der Ödipus-Sage Gestalt und

Realität gewonnen. Daher wählte Freud den zum Fachausdruck gewordenen Terminus „Ödipus-Komplex".

Es scheint uns unwichtig, ob in der Sage die Liebesbeziehung zur Mutter bedeutsamer sei oder die Haßbeziehung gegen den Vater. Erich Fromm meint, es handele sich beim Ödipus vor allem um den Haß gegen den Vater und nebenbei auch um die Beziehung zur Mutter. Jedenfalls aber finden sich die beiden einander ergänzenden Motive hier vereinigt vor.

Man hört oft den Einwand, welche besondere Bedeutung der Ödipus-Komplex haben könne, wenn doch ausnahmslos alle Kinder, zumindest in unserer Kultur, ihm nicht entgehen können. Es ist richtig, daß alle Kinder unserer Kultur diesen Umständen in gleicher oder ähnlicher Art unterliegen. Aber nicht, daß das Kind einen „Ödipus-Komplex" hat, ist für die Charakterbildung bedeutungsvoll. Sondern ob es diesen Komplex im erwachsenen Alter beibehält oder nicht, ist von Wichtigkeit. Nicht alle Kinder behalten ihn bei. Vielmehr geht er bei einer normalen Entwicklung verloren, schon deshalb, weil die ödipale Beziehung normalerweise keinerlei Aussicht auf Befriedigung hat. Das „Realitäts-Prinzip" siegt über das „Lust-Prinzip" auch in diesem Fall, und der „Ödipus-Komplex" geht unter.

Wo er aber nicht untergeht, sondern fortbesteht, wo der Erwachsene die kindliche Fixierung und die kindliche Ablehnung („negative Fixierung") beibehalten hat, sei es auch in unbewußter Form, dort ist man berechtigt, vom „Ödipus-Komplex" als einer neurosebegründenden Tatsache zu sprechen.

Die allgemeine Form dieses „Ödipus-Komplexes" ist die, daß der erwachsene Mann an seine Mutter gebunden ist, oder besser gesagt, an die Idee, an das Bild seiner Mutter, also nicht notwendig an sie in einem persönlichsten individuellen Sinn. Die Mutter oder die mütterliche Frau oder die Frau mit den Eigenschaften, die denen der Mutter entsprechen, bleibt sein alleiniges oder bevorzugtes Liebesobjekt bei der Partnerwahl für Liebe und Ehe. Für andere Frauen ist er liebesunfähig. Er hat in der Regel Schwierigkeiten, eine Partnerin zu finden. Daher bleibt er oft ungewöhnlich lange unverheiratet, möglicherweise bei seiner Mutter lebend. Oder seine Ehe wird unbefriedigend, unglücklich, weil sich sein Frauenideal, die „Mutter-Imago" (imago heißt Bild) nicht erfüllen konnte. Die im Unbewußten wurzelnde Bindung an die Mutter kann die Ablehnung anderer Frauen unter Umständen auch durch Sexualneurosen im engeren Sinne realisieren, z. B. Impotenz, auch sogar eine (latente) Homosexualität, deren Bedeutung die unbewußte Weigerung ist, mit anderen Frauen in sexuelle Beziehungen zu treten.

Hier soll gleich eingefügt werden, daß eine solche Entwicklung nicht nur auf die besonderen Umstände der Mutter-Sohn-Beziehung im speziellen Falle zurückgeleitet werden kann, also auf ihre äußeren Sachverhalte. Man wird, um diese schicksalhafte Nachwirkung zu begreifen, eine konstitutionelle Disposition, eine Art Anfälligkeit hierzu annehmen müssen. Denn sonst ließe es sich nicht verstehen, wieso eine im allgemeinen – wie schon gesagt – ähnliche Kindheitssituation, vielleicht sogar bei Brüdern, also Kindern des gleichen Elternpaares, keineswegs immer zu den gleichen Formen im Erwachsenen sich entwickelt. Freud nimmt das selbst auch an, betont aber in seiner Darstellung die äußeren („traumatischen") Erlebnisse vor allem andern. Darin liegt eine der Abweichungen begründet, die die Individual-Psychologie des Freud-Schülers Alfred Adler als maßgeblichen Teil ihrer Lehre gegenüber Freud betont. Nach Adler nämlich ist der Ursprung der Neurose vor allem in der inneren Eigenart des Neurotikers zu suchen.

Das relativ leicht verständliche Bild des eben geschilderten Ödipus-Komplexes kann sich aber dadurch komplizieren, daß neben die positive Bindung an die Mutter zugleich auch eine negative Einstellung treten oder sogar die positive beiseite drängen kann. Die Mutter ist ja nicht notwendigerweise immer nur die Gebende und daher Geliebte. Oft genug muß sie ihm etwas abschlagen, ja oft genug ist es ihre Art, nur zu verbieten, und daher wird sie die Gehaßte. Das gleiche gilt durchaus auch in bezug auf den Vater.

Daher sind die Beziehungen gegenüber den beiden Elternteilen oft oder sogar meistens zwiespältig, „ambivalent", zweiwertig. Man spricht angesichts der negativen Einstellung vom „umgekehrten Ödipus-Komplex", wenn der Sohn gegenüber der Mutter besonders negativ, aber auch, wenn er zum Vater besonders positiv eingestellt ist. Und die Verbindung des einfachen Ödipus-Komplexes mit dem „umgekehrten" nennt man den „vollständigen Ödipus-Komplex".

Man sieht wohl, daß die Beziehungen zwischen Kind und Eltern nicht sehr einfach, nicht leicht verständlich sind. Vielleicht wird sogar einer sagen: Wenn das alles so kompliziert und widerspruchsvoll ist, so gegensätzlich wie Liebe und Haß, wie kann man dann damit verstehend und also erfolgreich arbeiten?

Nun, für den Erzieher, der in erster Linie mit Kindern und Jugendlichen zu tun hat, wird der Tatbestand eines fertigen (nicht untergegangenen) Ödipus-Komplexes kaum in Erscheinung treten. Denn dieser ist ja ein Sachverhalt des Erwachsenen-Alters. Das will besagen: Zeigt ein Kind oder ein Jugendlicher (vor der Pubertät) eine auffällige positive oder negative Bindung an einen Elternteil, dann wird es sich noch nicht um ein Endprodukt der Entwicklung handeln können. Gerade deshalb aber muß der Erzieher Bescheid wissen. Denn richtiges und rechtzeitig einsetzendes verständnisvolles Eingreifen kann hier leichter helfen und entscheidender für die Charakterentwicklung sein als eine spätere Psychoanalyse des Erwachsenen. Ein Beispiel für viele: Im Falle eines vierzehnjährigen Jungen wurde eine auffällige Beziehung und Bindung gegenüber der Mutter festgestellt, die deutlich störend auf die seelische Entwicklung des Jungen wirkte. Der Erziehungsberater empfahl daher eine äußerliche Trennung von der Mutter. Er fand Verständnis, und das Opfer, das beide Teile brachten, wurde alsbald belohnt. Denn schon innerhalb der relativ kurzen Zeit eines Jahres, in der der Junge fern von zuhause lebte, löste er sich innerlich deutlich aus der übermäßigen Bindung, und es wurde eine sehr deutliche Besserung und Befreiung seiner seelischen und geistigen Entwicklung erkennbar. Die Trennung hatte das Kind keineswegs der Mutter und diese nicht des Kindes beraubt. Vielmehr wurde die Kind-Mutter-Beziehung aus ihrer Übertreibung zurückgeführt in eine natürliche, normale.

Die Erkenntnis, daß eine ödipale Bindung an einen Elternteil vorliegt, wird für den Erzieher auch aus einem andern Grunde oft von Wichtigkeit sein können. Ist nämlich etwa ein Mädchen sehr an die Mutter gebunden, dann wird dadurch oft die Beziehung zum Mann im allgemeinen sehr erschwert. Das Mädchen wird sich dann leichter einer Lehrerin oder Beraterin (Ärztin) zuwenden als einem Mann in der gleichen Rolle. Allerdings wird man bei labilen Naturen daran denken müssen, daß die Ausnützung solcher Neigung zur Herstellung der sogenannten „Übertragungssituation" eine Fixierung für die Zukunft ergeben könnte. Es gehört viel Takt und Feingefühl dazu, um eine Beeinflussung richtig lenken zu können. Es gehört aber auch das Wissen um den seelischen Mechanismus dazu, der als „Ödipus-Komplex" wirksam ist.

12. Die Neurosenlehre

Es wurde schon davon gesprochen, daß Freud seine Forschungen begann und fortführte als Arzt. Er ging nicht als Psychologe, geschweige denn als Philosoph daran, die Probleme der Seele des Menschen zu erforschen und zu erkennen. Sein Ziel war zunächst nur, eine Möglichkeit zu finden, um leidenden Menschen Abhilfe von ihrem Leiden zu schaffen, die sie bei der ärztlichen Wissenschaft bis dahin vergeblich gesucht hatten.

Der Ausgangspunkt von Freuds Arbeit war die Neurose und deren Heilung.

Daß von da aus seine Erkenntnisse den ursprünglichen Bereich überschreiten und zur Erkenntnis des Seelenlebens überhaupt, nicht bloß des krankhaft gestörten, den Weg weisen würden, war zunächst weder vorgesehen noch erwartet. Ebenso wenig hatte Freud am Anfang seiner Arbeit im geringsten darauf hingearbeitet, Probleme der Gesellschaft oder gar die höchsten philosophischen Probleme, die Probleme Gott und Welt zu erfassen. Er hat denn auch erst gegen Ende seines Lebens, als seine Arbeit als Arzt und ärztlicher Forscher zu einem gewissen Abschluß gelangt schien, begonnen, allgemeine Konsequenzen aus seiner Lehre zu ziehen. Seine Schüler freilich haben dies schon früher versucht, indem sie Ethnologie, Mythologie, Soziologie, Religionswissenschaft mit dem Rüstzeug der Psychoanalyse zu bearbeiten begannen.

Es kann hier nicht unsere Aufgabe sein, ausführlich und vom medizinischen Standpunkt die Neurosenlehre der Psychoanalyse darzustellen. Wir haben uns darauf zu beschränken, den Begriff der Neurose, einige ihrer hauptsächlichen Erscheinungsformen und einiges über die Methoden und die psychische Dynamik der psychoanalytischen Therapie mitzuteilen.

Unter Neurose versteht man im allgemeinen die Störung von Funktionen körperlicher oder seelischer Art, die nicht auf körperliche Ursachen zurückgeführt werden können.

Gleich hier muß allerdings gesagt werden, daß die leibseelische Ganzheit sich auch darin äußert, daß rein körperlich bedingte Krankheiten zu Störungen seelischer Reaktionen führen können. Und umgekehrt können rein seelisch bedingte Störungen mehr oder weniger bedeutsame Beeinträchtigungen körperlicher Funktionen nach sich ziehen. So wird zum Beispiel ein Mensch, der aus rein körperlichen Gründen schlecht hört, aus dieser Funktionsbeeinträchtigung zu deutlichen und unter Umständen sehr schwerwiegenden seelischen Störungen gedrängt werden, etwa krankhaftes Mißtrauen, Menschenhaß, und dergleichen mehr. Andererseits kann eine seelisch bedingte Platzangst sich zum Beispiel leicht in körperlichen

Funktionsstörungen äußern, etwa in übergroßer Anfälligkeit gegen Erkältungen und dergleichen. In den Fällen der sogenannten Konversions-Hysterie ist es sogar so, daß etwa körperliche Lähmungen oder das Versagen der Magen- oder Darmtätigkeit als einziges oder wichtiges Symptom erscheint und daß die eingehendste körperliche Untersuchung keine somatischen Ursachen zeigt. Es handelt sich dann eben um rein seelisch bedingte Störungen. Diese können sich freilich ihrerseits unter Umständen stabilisieren und damit gewissermaßen zu einem körperlichen Symptom werden. In den letzten Jahren wurde ein neuer Zweig der Medizin, die Psychosomatik, immer weiter ausgebaut. Sie kombiniert psychische und somatische Methoden und zwar sowohl gegenüber eindeutig somatischen Befunden wie auch umgekehrt in Fällen psychogener Störungen. So konnte man in zahlreichen Fällen Magengeschwüre und sogar Tuberkulose auf diesem psychosomatischen Wege günstig beeinflussen.

Doch ändert diese Erkenntnis nichts daran, daß wir als Neurose einen zunächst rein seelisch bedingten und nicht körperlich verursachten Sachverhalt ansprechen.

Die Neurosen erscheinen in ungeheuer vielfältigen Formen. Wir wollen hier nur einige der wichtigsten Kategorien anführen.

Da ist zunächst ein Wort zu sagen über die sogenannten Angstneurosen. Als Beispiel sei, der Einfachheit halber, der eben erwähnte Fall der „Agoraphobie" (Platzangst) angeführt. Der davon Befallene ist durch eine äußerlich nicht begründbare, aber unwiderstehliche Angst daran gehindert, ohne Begleitung einen offenen Platz oder eine Straße zu überqueren. Mancher hat es erlebt, daß ihn auf der Straße ein Unbekannter ansprach und ihn bat, mit ihm über den Platz zu gehen. In einigen Fällen steigert sich diese Hemmung so weit, daß die Betroffenen nicht mehr imstande sind, das Haus oder gar das Zimmer zu verlassen. Wie entstehen solche an sich unverständlichen Hemmungen? In manchen Fällen gelingt es, den Ausgangspunkt in einem tatsächlichen Straßenunfall zu finden, der dem Neurotiker widerfahren ist oder bei dem er Zeuge war. Doch oft kann man gar keinen realen Sachverhalt dieser Art feststellen. Hingegen stellt sich bei psychoanalytischer Untersuchung ein ganz anders gearteter Ausgangspunkt heraus, der die Angst begründete. Manchmal ist es auch nur so, daß die Platzangst bloß das äußere Symptom einer allgemeinen Resignation und Mutlosigkeit ist, daß die Unfähigkeit, normalen Anforderungen des Lebens zu entsprechen, den Ausweg in die unwiderstehliche Platzangst findet und damit gewissermaßen eine Rechtfertigung für das Versagen.

Die Platzangst ist nicht die einzige Erscheinungsform dieser Art. Doch wollen wir uns damit begnügen.

Die sogenannte „Zwangsneurose", über deren Zusammenhang mit dem „Anal-Sadismus" wir bereits etwas gesagt haben, äußert sich in anderer Form als die Angstneurose. Der von ihr Betroffene fühlt sich zu an sich völlig sinn- und zwecklosen Handlungen gezwungen. Zum Beispiel darf er nur jeden zweiten Pflasterstein betreten, oder er kann nur unmittelbar an den Hauswänden gehen, oder Ähnliches und Schlimmeres. Tut er diesem Zwang nicht Genüge, dann hat er durch eine unerklärliche und unwiderstehliche Angst zu büßen. Die besondere Äußerungsform dieser Zwangsneurose kann als Symbol manchmal bei der Aufdeckung der Neurosen-Ursache behilflich sein. Immer liegen seelische „Traumata", also Erlebnisse, meist der frühen Kindheit, zugrunde.

Die sogenannte Hysterie ist ihrerseits in so verschiedenen Formen nachzuweisen, daß man sie beinahe als eine allgemeine Neurosenform ansprechen kann, die nicht in einer bestimmten Form auftritt, wie etwa die Angst- oder Zwangsneurose. Sie ist manchmal sehr schwer zu unterscheiden von gewissen echten Geisteskrankheiten wie Schizophrenie oder Paranoia. Andererseits tritt sie oft in körperlichen Symptomen auf, bei deren Untersuchung sich aber keine körperlichen Grundlagen erkennen lassen.

Übrigens ist das Wort Hysterie abgeleitet von dem griechischen Worte Hysteron, welches „Gebärmutter" oder „Uterus" bedeutet, und man hat lange Zeit Hysterie nur bei Frauen und nicht bei Männern anerkennen wollen. Heute weiß man, daß es auch Hysterien bei Männern gibt.

Ungeheuer weit verbreitet und sehr vielfältig in der Form sind die sogenannten Sexualneurosen. Von diesen ist als eine der hauptsächlichen Erscheinungsformen die sogenannte Impotenz des Mannes zu erwähnen, und zwar im engeren Sinne die impotentia coeundi, bei der durch mangelnde oder unzureichende Versteifung des männlichen Gliedes dessen Einführung in die weibliche Scheide beim Geschlechtsakt unmöglich ist. – Davon zu unterscheiden ist die sogenannte impotentia generandi, bei der zwar ein normaler Geschlechtsakt ausgeführt werden kann; jedoch kommt es nicht zur Konzeption oder Zeugung, was seinen Grund im Fehlen oder in der Funktionsunfähigkeit der männlichen Samenzellen hat.

Ferner ist zu erwähnen die „ejaculatio praecox", bei der der Mann die Samenausschleuderung und damit den Orgasmus noch vor der Einführung des Penis hat.

Auf der Seite der Frau ist zu nennen die sogenannte Frigidität oder sexuelle Anästhesie. Die frigide Frau ist, bei vollkommen normaler Körperbildung, unfähig, zum sexuellen Orgasmus oder auch nur zu sexuellen Lustempfindungen zu gelangen. Hier muß allerdings hervorgehoben werden, daß bei einer sehr großen Anzahl der Fälle die sogenannte Frigidität keine wirkliche Empfindungsunfähigkeit ist. Sehr oft ist es nur so, daß die Frau längere Zeit als der Mann bis zur Erreichung des orgastischen Höhepunktes benötigt und deshalb diesen bei Ungeschicklichkeit oder Unverständnis des Mannes nicht erreicht.

Auch die Fälle von übermäßiger Geschlechtsbegierde, die sogenannte „Satyriasis" beim Manne bzw. die „Nymphomanie" bei der Frau zählen unter die Sexualneurosen. Ebenso der sogenannte „Exhibitionismus" jener Männer, die geschlechtliche

Erregung und Befriedigung nicht im Sexualakt, sondern in der öffentlichen Zurschaustellung ihres Geschlechtsorganes finden. In sehr vielen Fällen ist auch die Homoerotik, also sexuelle Bindung an einen Partner des gleichen Geschlechts, neurotisch bedingt.

In allen Fällen abnormaler Sexualfunktion, sei es in bezug auf das Sexualobjekt oder auf das Sexualziel oder in bezug auf die sexuell erregbare Zone, wird die Hilfe der Psychoanalyse, und zwar in sehr vielen Fällen erfolgreich, in Anspruch genommen werden können. Oft wird dabei die psychische Behandlung mit Vorteil und Erfolg kombiniert werden können mit körperlicher (hormonaler oder sonst medikamentöser oder physikalischer) Behandlung.

Diese Aufzählung der Neurosenformen ist durchaus unvollständig und nur beispielsweise. In allen Fällen von Störungen wird der Betroffene den Arzt und, wenn ein körperlicher Befund negativ ist, einen erfahrenen Psychotherapeuten zu Rate ziehen müssen. Es sei hier davor gewarnt, auch in noch so schweren Fällen zu verzweifeln. Auch der Pädagoge wird oft genug in die Lage kommen, unter seinen Schutzbefohlenen Erscheinungen anzutreffen, die den hier angeführten Beispielen ähnlich sind. Er wird manchmal vielleicht sogar unmittelbar um Rat und Hilfe angegangen werden. Er muß dann wissen, daß es Wege und Methoden gibt, solchen Leidenden zu helfen. Gewiß wird nicht in jedem Fall volle Heilung erreichbar sein. Aber ein großer Prozentsatz der Fälle, die noch vor achtzig Jahren zu aussichtsloser Verzweiflung verurteilt waren, können auf dem Wege gerettet werden, den das Genie Freuds geöffnet und gewiesen hat.

13. Einiges über die Therapie der Psychoanalyse

Entsprechend der Erkenntnis, daß alle Neurosen seelischen Ursprunges sind, und daß ihr Ausgangspunkt im Unbewußten liegt, hat Freud Wege gesucht und gefunden, um diese Krankheitsursache zu beseitigen.

Im Wesen besteht die psychoanalytische Methode darin, daß die unbewußten Erlebnisse, die sogenannten „Traumata" („Trauma" ist griechisch und bedeutet „Wunde") aufzudecken, bewußt zu machen und damit aufzulösen sind. Gelingt das, dann verschwinden die Krankheitssymptome von selbst.

Doch darf dies nicht so verstanden werden, daß es genügt, den Patienten einfach darüber aufzuklären, daß seine Neurose durch dieses oder jenes bestimmte Erlebnis entstanden sei. Der Psychoanalytiker, namentlich der erfahrene, wird in der Regel schon sehr bald sein Urteil über die Natur des Traumas im besonderen Fall finden können. Diese seine Überzeugung dem Patienten mitzuteilen würde ihm aber meist nicht helfen. Der Patient muß selbst, an der Hand des Analytikers, das Ursprungserlebnis wieder erinnern.

Nun ist es eine merkwürdige Erfahrung, daß jeder Patient der heilenden Aufdeckung seines Unbewußten starken Widerstand entgegensetzt. Auch wenn er durchaus ehrlich entschlossen ist, dem Leiden ein Ende zu machen, und selbst dann, wenn er diese Entschlossenheit immer wieder betont, ist es dennoch so, daß er die Neurose sozusagen nicht hergeben will. Freud nennt diese Erscheinung „Widerstand" und erklärt sie für einen theoretischen Grundpfeiler seiner Neurosenlehre. Auch der Widerstand wurzelt natürlich im Unbewußten. Deshalb ist er weitgehend unabhängig vom bewußten Willen und meist diesem entgegengesetzt. Es gehört zu den Hauptaufgaben der Analyse, diesen Widerstand aufzuheben.

Eine zweite sehr auffällige und merkwürdige Erscheinung, auf die Freud bald stieß, ist die sogenannte „Übertragung". Es zeigt sich nämlich, daß der neurotische Patient nach Beginn der Behandlung meist sehr bald in eine höchst affektbetonte Beziehung zum Therapeuten gerät, die alle Merkmale einer heftigen Verliebtheit zeigt. Das kann auch dann eintreten, wenn Patient und Arzt demselben Geschlecht angehören. Freud erklärt diesen Zustand der Übertragung damit, daß der Patient auf den Therapeuten jene Gefühle überträgt, die ursprünglich dem Vater oder der Mutter im frühen Kindheitsstadium zugewendet waren. Der Arzt vertritt dann diese geliebten Personen, auch dann, wenn die Liebe zu ihnen verdrängt oder beeinträchtigt war oder ist.

Auch die Übertragung gilt für die Psychoanalyse als ein wesentliches, für ihre Theorie nicht entbehrliches Faktum.

Freud hat die Anerkennung von „Widerstand" und „Übertragung" als Kriterien dafür erklärt, ob jemand der Psychoanalyse zugehöre oder nicht. Die Trennung Alfred Adlers und Carl Gustav Jungs von der psychoanalytischen Schule erfolgte vor allem auch wegen der abweichenden Auffassung über diese beiden Sachverhalte.

Es gehört mit zu den schwierigsten Aufgaben des Psychotherapeuten, diese Übertragungssituation einerseits für seine therapeutischen Zwecke als Hilfsmittel zu verwenden, andererseits sie wieder aufzulösen und damit die affektbetonte Bindung des Patienten zu ihm zu normalisieren.

Über die Methoden, mit denen der Analytiker in die Tiefe des Unbewußten einzudringen und dessen Dunkel aufzuhellen bemüht ist, wurde schon gesprochen. Es sind vielerlei Wege. Der wichtigste und fruchtbarste von allen ist seit Freuds großartiger Entdeckung die Deutung der Träume des Patienten. Dazu kommt auch außerhalb der Deutung der Träume die Ausnutzung des sogenannten „freien Einfalls". Der Patient ist bei Beginn der Therapie verpflichtet worden, die sogenannte psychoanalytische Grundregel einzuhalten. Danach muß er unter Ausschaltung jeder bewußten Kritik oder Hemmung während der Therapie dem Arzte gegenüber alles aussprechen, was ihm einfällt. Er darf nichts verbergen und nichts zurückhalten, weil es etwa dumm oder peinlich ist. Das ist nicht immer leicht, und in vielen Fällen scheitern die Analysen daran, daß der Patient diese absolute Aufrichtigkeit nicht einzuhalten vermag, oft genug trotz seines bewußten Vorsatzes, es zu tun.

Im allgemeinen ist hier die soziale Einstellung des Patienten von großer Bedeutung. Freud selbst hat Fälle von ausgesprochenem Narzißmus bei Neurotikern für ungeeignet zur Analyse erklärt, vor allem weil in solchen Fällen der Patient nicht in die notwendige rückhaltlose Vertrauenssituation, das heißt also zur vollen „Übertragung" gegenüber dem Therapeuten kommen kann.

Es gibt also Fälle genug, in denen die Psychoanalyse versagt. Aber ihnen gegenüber steht die ungeheuer große Zahl jener Fälle, in denen es, manchmal nach langen, jahrelangen Bemühungen, doch gelingt, die Neurose zu beseitigen und dem Patienten seine volle Lebens- und Anpassungsfähigkeit wiederzugeben.

14. Gedanken zur Handschrift Sigmund Freuds[1]

Die Handschrift des Begründers der Psychoanalyse und der modernen Psychologie, Sigmund Freud, überrascht den Laien wie den Graphologen durch ihre ungewöhnlich „schlechte Gliederung". Worte und Zeilen sind kaum voneinander getrennt, namentlich die Zeilen heben sich nur wenig voneinander ab. Zudem steigen sie in einer geradezu ungezügelten Art an. Dazu kommt noch die Größe der Schrift und die scharfen ausfahrenden Formen der Buchstaben. Der Gesamteindruck, von der Raumeinteilung her gesehen, ist sehr ungeordnet, ungemein eigenwillig.

Schlechte Gliederung hat graphologisch im allgemeinen den Sinn von Unklarheit, sogar Verworrenheit, auch von Unbekümmertheit um äußere Formen des geselligen Lebens. Bei hohem Gesamtniveau kann die Kompaktheit des Raumbildes auch „Blick für das Ganze" ausdrücken, bei dem Einzelheiten wenig oder nichts bedeuten, sondern nur die Gesamtheit, die „Gestalt", die Ganzheit. So ungefähr deuten ja auch M. Pulver und A. Mendelssohn-Teillard Freuds Handschrift.[2]

---

[1] Entnommen aus Nederlands Tijdschr. v. grafologie, 7. Jg. Nr. 1/2, Oktober 1956.

[2] Vgl.: „Die Handschrift Sigmund Freuds und das Problem der

[Faksimile eines handschriftlichen Briefes von Sigmund Freud, 39 Elsworthy Road, 19.6.1938]

Aber bei genauerer Überlegung ergibt sich noch etwas anderes. Man ist durchaus bereit, Freuds Klarheit des Denkens wie auch der Sprache vorbehaltlos anzuerkennen, und dies mit Recht. Aber man vergißt dabei leicht, daß Freud von seinen Gegnern, besonders bei seinem Auftreten, Unverständlichkeit, Einseitigkeit, irrationales Denken vorgeworfen wurde und immer noch vorgeworfen wird. Und man muß sich daran erinnern, daß die Lehre Freuds tatsächlich rein rational, nur empirisch nicht verstanden, nicht bewiesen, kaum gelehrt werden kann.

Wenn man immer wieder behauptet, daß Freud auf empirischem Wege zu seinen Erkenntnissen und Formulierungen ge-

Graphologie", von Lucy Weizsäcker, Max Pulver und Anja Teillard-Mendelssohn, Psyche, Juli 1950, IV. Jg. 4. Heft.

langt sei, als Naturwissenschaftler des 19. Jahrhunderts, so ist es nötig, daran zu erinnern, daß tatsächlich rein empirische Beweise keine Beweise für eine Theorie sein können. Um es knapp deutlich zu machen: die von Freud ausgehenden tiefenpsychologischen Lehrmeinungen bemühen sich, seit ihrer Sezession, die gleichen Tatsachen anders zu deuten und berufen sich für die Richtigkeit ihrer Deutung auf die Empirie. *Freud* nennt z. B. die Grundenergie Libido und lehrt, daß sie eine – wenn auch in einem ungemein erweiterten und jedenfalls nicht genitalen Sinn – sexuelle Triebkraft sei. *Adler* wiederum bestreitet dies und sieht in ihr nur den Willen zur Macht. Beide Lehrer und ihre Schulen deuten Träume verschieden, und *Jungs* analytische Psychologie geht wieder einen anderen Weg dabei. Alle aber, Lehrer wie Schüler, sehen ihre Ansichten für unzweifelhaft und für empirisch gesichert an – obgleich keiner sachlich und überzeugend den andern widerlegen und sich selbst beweisen kann. Mit andern Worten: die Empirie, die Tatsache an sich, kann, namentlich auf diesem schwierigen Gebiete der Seelenforschung, durchaus verschieden verstanden, abweichend erklärt werden. Die Tatsache an sich ist noch nichts als ein Ausgangspunkt, nicht einmal ein Baustein. Das wird sie erst durch die Hypothese, also durch eine Sinn-Findung, besser Sinn-Gebung. Diese aber ist die Folge einer Blick-Richtung, also einer nicht in der Tatsache selbst gelegenen Bedingung. Wenn also Freud, als erster, produktiv Tatsachen, die an sich andere schon sahen (Schopenhauer, Nietzsche), zu einer Theorie, der Psychoanalyse nämlich, ausbaute, war seine Denkweise nicht rational, sondern intuitiv, sein Denkvorgang nicht induktiv, sondern deduktiv, sein Ausgangspunkt die Hypothese und nicht die Einzelbeobachtung an sich.

Beachten wir weiter, daß dieses großartige, das bisherige Denken vom Seelischen von Grund auf verändernde Lehrgebäude Freuds wirklich einer freilich genial inspirierten Einseitigkeit die Entstehung verdankt, einer persönlichen Unbeirrbarkeit, die ihre Wurzel im Emotionellen und nicht im

Intellektuellen hat und die auf niedrigerer Stufe als autistisch mit einem negativen Vorzeichen bezeichnet werden dürfte.

Überlegen wir, daß die psychoanalytischen Begriffe der „Übertragung", der „Fixierung", der „Introjektion", der „Verdrängung" und so viele andere in Wahrheit rein bildhaft erfaßt und metaphorisch, wenn auch mit genialer Sprachgewalt benannt werden. Es ist nicht das Merkmal begrifflich-rationalen Denkens, sondern des bildhaft-anschaulichen, wenn solcherart Tatbestände gekennzeichnet werden.

Freud hat vollkommen unbefangen eine Topographie der Seele gegeben, und es ist anzunehmen, daß ihm die „Verräumlichung" des unräumlichen Seelischen nur als Ausdruck seines bildhaften Denkens und als Notausgang sich einstellte. Seine Schüler (etwa Abraham) nehmen freilich die Topographie durchaus wörtlich und nicht mehr metaphorisch, und sie betonen das sogar ausdrücklich. Das Bild steht hier für Begriff und für Beweis.

Die Technik der Psychoanalyse ist in gewissem Umfange lehrbar, etwa auch aus Büchern. Wirklich erlernt aber wird die Technik des Meisters nur durch die Lehranalyse, der sich der Adept selbst unter Leitung eines erfahrenen Psychoanalytikers unterziehen muß. Auch hier geht es beim Lehren und beim Erlernen um Dinge, die nicht tatsächlich und begrifflich verständlich gemacht, also übertragen werden können, sondern nur oder vorwiegend durch das eigene Erleben. Und noch deutlicher gilt das von dem Ergebnis der Psychoanalyse, von dem Bewußtmachen und damit von dem Beseitigen des Traumas und der Neurose. Mehr als bildhaft läßt sich dieser Vorgang nicht mitteilen. Verstanden wird er in Wirklichkeit erst dann, wenn er am eigenen „Leibe" oder am Patienten erlebt worden ist. Denn er widerstrebt rein rational-sachlicher und begrifflicher Auseinanderlegung.

Es ist eine andere Frage, was Freud aus diesen seinen Erkenntnissen gemacht hat, inwieweit es ihm gelungen ist, die Grenzen des wissenschaftlich Nachprüfbaren in seiner Lehre nicht zu überschreiten – was zum Beispiel dem ebenfalls genialen, aber wesentlich weniger rational-kritischen Gründer der analytischen Psychologie, C. G. Jung, nicht im gleichen Maße gelungen ist.

Gerade der Vergleich übrigens der Gesamtlehren innerhalb der Tiefenpsychologie zeigt, wie sehr persönliche Grundeinstellung verantwortlich ist für die Richtung und Schule. Jung hat einmal über Adler und Freud gesagt, man könne jede dieser beiden gegensätzlichen Lehren nur von der Introversion bzw. Extraversion ihres Schöpfers, des ausübenden Therapeuten und des Patienten aus verstehen und gerechtfertigt finden, nicht aber an sich, also objektiv. So wird die subjektiv-persönliche Seite dieser Wissenschaft hier besonders deutlich, was freilich ihren Anspruch, dennoch als Wissenschaft gewertet zu werden, an sich nicht berührt.

Aber diese Überlegungen zeigen, wie sehr im Einklang mit dem wirklichen intellektualen und zugleich charakterlichen Wesen Freuds seine „schlecht gegliederte" Handschrift steht.

ALFRED ADLER
UND DIE „INDIVIDUALPSYCHOLOGIE"

1. Alfred Adlers Leben und Werk

Alfred Adler ist ebenso wie Sigmund Freud in Wien, der Hauptstadt der früheren österreichisch-ungarischen Monarchie, aufgewachsen, erzogen und zur Konzeption und Entwicklung seiner Lehre gelangt. Die Familie stammt aus der österreichischen Provinz. Und zwar wanderte Adlers Vater Leopold aus dem Burgenland nach Wien ein und ließ sich dort als Kaufmann nieder.

Alfred Adler ist im Jahre 1870 in Wien geboren und studierte, nach Absolvierung der Volks- und Mittelschule, an der Wiener Universität Medizin. Nach Erwerbung des medizinischen Doktortitels praktizierte er zunächst als Augenarzt, später als allgemeiner praktischer Arzt. Schließlich wandte er sich seinem eigentlichen bleibenden Hauptfach zu, der Nervenheilkunde.

Es ist interessant zu sehen, daß Adler, ähnlich wie Freud, zuerst an ganz anderen medizinischen Fächern interessiert war als an dem, in welchem er seine Hauptleistung und seinen wichtigsten Beitrag für die Wissenschaft erbrachte.

Als junger Arzt fand Adler an den Ideen, die Sigmund Freud gerade damals zum erstenmal und unter allgemeinem Widerstand vorzutragen begann, großes Interesse. Er war einer der ersten, die die Bedeutung von Freud und seiner Lehre erkannten und sich dem anfänglich nur sehr kleinen Kreis um Freud anschlossen. Er begann dort bald eine Rolle zu spielen und war der erste Redakteur der von Freud herausgegebenen „Zeitschrift für Psychoanalyse".

Im Jahre 1902 veröffentlichte er das erste und bedeutendste Buch seiner eigenen Untersuchungen, seine „Studien über Minderwertigkeit von Organen und ihre seelische Kompensation".

In diesem Buch geht er von der Entdeckung aus, daß am Ausgang aller Neurosen die Minderwertigkeit irgendeines körperlichen Organs liege, sei es ein Sinnesorgan, etwa Auge oder Ohr, oder das Herz, die Lunge, ein Bein, eine Hand oder dergleichen. Der Tatbestand einer solchen Unzulänglichkeit körperlicher Art führe zur Entstehung des seelischen Minderwertigkeitskomplexes und von diesem zu seelischen Kompensationserscheinungen, manchmal auch zur Überkompensation. Die Neurose sei eine, und zwar die wichtigste, dieser möglichen Kompensationserscheinungen.

So weit steht Alfred Adlers wissenschaftliche Meinung noch durchaus in Übereinstimmung mit der Lehre Freuds. Denn auch er geht dabei immer aus von der Tatsache eines unbewußten Seelenlebens, und er benützt zu dessen Erkenntnis und Erforschung die von Freud angegebenen Methoden der Assoziation, des freien Einfalls, der Traumdeutung, der Symboldeutung.

Aber schon hier ist ein Unterschied zwischen Adlers Meinung und der Lehre Freuds, der einige Jahre später zur Trennung der beiden Männer und ihrer Schulen führte, im Keim vorhanden und erkennbar. Denn Adler legt schon hier das Hauptgewicht für das Verständnis und die Erklärung der Neurose auf einen im Patienten gelegenen Sachverhalt, nämlich eben die Organminderwertigkeit. Und er sieht als wesentlichen Inhalt der Neurose die Tendenz, diese eigene Minderwertigkeit zu kompensieren, also als vollwertiger – und zwar in einem ganz bestimmten Sinn vollwertiger – Mensch zu erscheinen. Damit steht er bereits auf einer anderen Ebene als Freud. Denn dieser findet den Ausgang der Neurosen in den Kindheitserlebnissen, die von außen kommen. Und er findet – allerdings ohne es zunächst zu suchen – in der Neurose erfahrungsgemäß eine Äußerung des Sexualtriebes, den er freilich, wie schon gezeigt wurde, in einem sehr erweiterten Sinne versteht.

Deutlicher wird dieser grundsätzliche Gegensatz zwischen Adler und Freud in dem folgenden grundlegenden Buch Adlers „Über den nervösen Charakter" (1912).

In diesem Jahre, 1912, erfolgt auch die äußere und offizielle, leider von beiden Seiten nicht durchaus in akademischer Sachlichkeit und Ruhe verstandene Trennung der beiden Männer. Da Adler der grundlegenden Lehre Freuds von dem sexuellen Charakter aller Neurosen nicht zustimmen konnte und wollte, und wohl auch weil er persönlich nicht bereit und nicht imstande war, sich vorbehaltlos der Autorität des Älteren zu unterwerfen, schied er im Einvernehmen mit Freud aus der Redaktion der psychoanalytischen Zeitschrift aus, trennte sich gleichzeitig von der Arbeits- und Lehrgemeinschaft Freuds und bildete einen eigenen neuen Kreis um sich.

Er nennt seine Lehre, zum Unterschied von der Freudschen Psychoanalyse, nunmehr „Individual-Psychologie". Denn er sieht in der geschlossenen, ungeteilten und unteilbaren Persönlichkeit des Individuums die einzige Möglichkeit, Krankheit und Neurose zu erklären.

Adler arbeitete mit einem stets wachsenden Kreis von Schülern und Anhängern, der sich von Wien aus weit über die Welt organisierte, als Nervenarzt und als Lehrer. Freilich ist es ihm in Österreich niemals vergönnt gewesen, akademischer Lehrer zu werden. Ihm wurde nicht einmal der Eingang zur akademischen Laufbahn, die sogenannte Privatdozentur, zugestanden, die Freud, wenn auch nicht auf seinem Arbeitsgebiet der Psychoanalyse, schon verhältnismäßig frühzeitig erlangen konnte.

Im Jahre 1927 wurde Adler nach Amerika eingeladen und hielt sich dort zur Abhaltung von Vorlesungen einige Zeit auf. Erst im Jahre 1934 verlegte er seinen Wohn- und Arbeitsraum endgültig nach Amerika, wo ihm nun auch die Möglichkeit gegeben wurde, an der Universität, und zwar am Long Island

Medical College New York, tätig zu sein. Lange freilich war ihm diese Erfüllung nicht vergönnt, denn schon im Mai 1937, in seinem siebenundsechzigsten Lebensjahre, wurde er durch einen plötzlichen Tod abberufen.

Die von Adler begründete Lehre der Individual-Psychologie und die Organisation sowie die Zeitschriften seiner Anhänger haben auch nach seinem Tode an Bedeutung nicht verloren. Besonders wichtig war in Berlin die dort frühzeitig entstandene Tochterschule, an deren organisatorischer und wissenschaftlicher Arbeit namentlich Fritz Künkel (der sich freilich später als Nazi entpuppt hat), ferner das Ehepaar Rühle und Leonhard Seif führend beteiligt sind.

Ein sehr wichtiges Betätigungsgebiet, auf dem sich die Individual-Psychologie im besonderen bewährt, ist das der Pädagogik und der Kinder-Psychotherapie.

Es ist interessant und zugleich geistesgeschichtlich bezeichnend, daß die Adlerschen Ideen gerade in den Vereinigten Staaten und in ihrem politischen Gegenpol, der Sowjetunion, den größten Erfolg aufweisen.

Von den späteren wichtigen Werken Alfred Adlers seien nur angeführt: „Praxis und Theorie der Individual-Psychologie" (1918); „Technik der Individual-Psychologie" (zwei Bände 1928, 1929); „Menschenkenntnis" (1921); „The Science of Living" (New York-London 1929); „Der Sinn des Lebens" (1932).

2. Das Machtstreben

Im vorigen Kapitel wurde darauf hingewiesen, daß Adlers Ausgangspunkt für das Verständnis und damit für die Heilung von Neurosen seine Erkenntnis ist, daß Organ-Minderwertigkeiten zur Neurose führen.

Es wurde auch schon darauf hingewiesen, daß darin der wissenschaftliche Gegensatz zwischen der Psychoanalyse und der Individual-Psychologie schon im Keim gegeben ist.

Einerseits muß die Überzeugung, daß körperliche Unzulänglichkeiten der Grund der Neurose seien, zu der weiteren grundsätzlichen Annahme führen, daß damit die Neurose nicht von außen, sondern von innen bedingt sei. Mit anderen Worten, daß das Subjekt, oder wie Adler es ausdrückt, die Individualität des Neurotikers entscheidend für die Art und für die Tatsache seiner Neurose ist. Das Verständnis der Neurose, also eine Voraussetzung ihrer Heilungsmöglichkeit, muß sich also auf das Verständnis der Persönlichkeit des Neurotikers gründen.

Die andere, mindestens ebenso wichtige Grundauffassung, die aus der Adlerschen Wertung der Organ-Minderwertigkeit folgen muß, ist die: Wenn eine Unzulänglichkeit der Persönlichkeit – sei sie körperlich bedingt oder nicht – zur Entwicklung der Neurose führen muß, dann muß die Neurose ganz allgemein verstanden werden als eine Reaktion des Individuums in seinen eigensten subjektiven Belangen und nicht in seiner sozialen Beziehung und Reaktion.

Freud unterscheidet bekanntlich zwischen Ich-Trieb und Sexualtrieb, welche Gegensätzlichkeit er ja, wie wir wissen, später infolge der Entdeckung des Narzißmus modifiziert, aber nicht aufgibt. Nach Freuds Lehre gehen die Neurosen vom Sexualtrieb aus, also von der nach außen zum Du gerichteten Seite des Ich, von der sozialen Seite und von den von außen, namentlich durch die Eltern-Beziehungen kommenden Einflüssen und Störungen.

Nach Adlers Grundauffassung und ausdrücklicher Lehre aber nimmt dieser die Ichtriebe, und zwar im besonderen die Selbsterhaltungstriebe, und auch hier wieder im ganz besonderen jene Ichtriebe, die er als „Machtstreben" oder als „Geltungstrieb" bezeichnet, als Neurosengrundlage an.

Man muß sich also vorstellen, daß das Individuum seinem Wesen und seiner Natur nach nicht nur nach Selbsterhaltung, sondern nach Macht und Geltung strebt. Der Macht- und Geltungstrieb ist nach außen gerichtet und bedingt in einem viel wichtigeren Maße als der Sexualtrieb die Beziehung des Ich zum Du. Am Anfang dieser Beziehung steht das Ich als entscheidender Ausgangspunkt. Aber die Funktion der Beziehung nach außen, also die soziale Beziehung überhaupt, ist hier diesem Ich eigen, und diese Funktion bzw. ihre Erschwerung führt zur Neurose.

Nehmen wir ein Beispiel: Ein Schulkind ist ein Linkshänder, d. h. es bevorzugt von sich aus die linke Hand bei allen Tätigkeiten: Schreiben, Arbeiten und so weiter. Da im allgemeinen nur etwa fünf bis zehn Prozent der Menschen linkshändig sind, steht das linkshändige Kind notwendig einer Majorität von Rechtshändern gegenüber, muß also als abnormal und als benachteiligt betrachtet werden. (Dennoch ergibt die eingehende Beschäftigung mit diesem Problem der Linkshändigkeit keineswegs die wissenschaftliche Rechtfertigung, die Linkshändigkeit als Minderwertigkeit anzunehmen.)

In diesem Falle gibt es zwei Möglichkeiten einer Reaktion dieses Kindes. Entweder es nimmt die Minderwertigkeit – als die es seine Linkshändigkeit subjektiv jedenfalls erlebt – als unabänderlichen Sachverhalt hin, leidet darunter, bringt aber nicht die Kraft auf, aus diesem Leiden eine nach irgendeiner Richtung gehende Ersatzaktivität zu ziehen, verbleibt also in passiver Resignation, vielleicht sogar in Verzweiflung an sich und an der Welt. Die zweite Möglichkeit wäre die, daß das linkshändige Kind, gerade weil es benachteiligt erscheint, nun erst recht alle Kraft und Anstrengung darein setzt, um diese Unzulänglichkeit auszugleichen, gutzumachen und also vollwertig zu sein. Es kann etwa die rechte Hand mit besonderer Hingabe üben, so daß es nun doch Vollwertiges damit leisten kann. Es könnte aber auch irgendein anderes Gebiet der Bewährung – sei es Sport oder irgendein Lehrgegenstand – mit besonderer Verbissenheit so pflegen, daß seine Vollwertigkeit und vielleicht sogar seine Überwertigkeit auf diesem Gebiet die andere Unzulänglichkeit vergessen macht oder ausgleicht.

In beiden Fällen aber müssen wir zugeben, daß durch diese wenn auch nur vermeintliche Minderwertigkeit der Linkshändigkeit eine eigenartige Reaktionseinstellung des Kindes hervorgerufen wird. Diese können wir auch nicht als normal, d. h. als natürlich und zweckmäßig bezeichnen. Denn im ersten Falle würde das Versagen zu einem gänzlichen Unterliegen führen – also einem biologisch wie soziologisch, aber auch psychologisch unfruchtbaren und unbefriedigenden Ausweg. Das Kind muß sowohl unter dem Minderwertigkeitsgefühl wie auch unter seiner eigenen Reaktion darauf leiden und wird notwendig ganz allgemein in allen seinen Lebensreaktionen durch dieses Unzulänglichkeitserlebnis aus der Bahn des Natürlichen geworfen. Das nennt man Neurose.

Im zweiten Falle ist überstarke Anstrengung, die eine Kompensation des Defektes anstrebt, ebenfalls keine natürliche Lösung, mag man sie vielleicht auch höher werten als die Lösung des ersten Beispiels. Auch hier führt die angespannte Anstrengung weit über den Bereich der vermeintlichen Minderwertigkeit hinaus und beherrscht alle Lebensreaktionen im Sinne einer unablässigen, nie zur Ruhe kommenden, stets wachen und daher vom Standpunkt des Kräftehaushalts unökonomischen und verwerflichen Anspannung. Ein solcher Mensch muß unausweichlich überempfindlich, reizbar, ermüdbar werden, gar nicht zu reden von noch schlimmeren Folgeerscheinungen. Auch das nennt man Neurose.

Was aber ist der psychologische Ausgangspunkt dieser Neurosen? Gewiß nicht die Minderwertigkeit an sich allein. Vielmehr muß, um deren beispielsweise beschriebene Wirkung zu verstehen, noch eine besondere psychologische und subjektive Tatsache angenommen werden. Die nämlich, daß jeder Mensch in sich von Anfang an das Streben hat, vollwertig in jedem Sinne zu sein und als vollwertig zu gelten. Dieses Geltungsstreben, dessen Übergang in ein Machtstreben, also das Streben, mehr zu sein als die anderen und nicht bloß ebensoviel, in seinem Wesen selbst bedingt ist, ist nach Adler die psychologische und charakterologische Grundlage der Persönlichkeit. Sie ist es und nicht die Sexualität, die Leben und Lebensreaktionen in jedem denkbaren Sinne bestimmt und lenkt.

Sie ist aber ihrem Wesen nach eine nach außen vom Ich weg wirkende Antriebstatsache; in ihr lebt eine Zielvorstellung, nämlich die der Macht und Geltung im allgemeinen und im ganz besonderen individuellen Sinn. So kann etwa der Linkshänder unseres zweiten Beispiels in seiner Überkompensationsbemühung dem Ziele zustreben, auf dem Gebiet des Sportes oder der Mathematik zu excellieren. Dann äußert sich seine individuelle Machttendenz in der besonderen Form des Sportrekords oder des mathematischen Nobelpreisträgers.

Ein solches Kompensationsstreben ist jedoch sehr oft nicht auf so hochwertige Ziele gerichtet. Die als gefährdet empfundene Geltung kann sich auch in wenig ansprechender Art erreichen lassen, etwa durch übermäßige Anmaßlichkeit in Auftreten und Ansprüchen, in häuslicher Tyrannei, in Verstocktheit und Eigensinn, in Ruhestörung und Unbotmäßigkeit. In solchen jedem Lehrer wohlbekannten Gestalten soll man nicht immer angeborene Schlechtigkeit und Unverbesserlichkeit suchen. Vielmehr wird man bei genügender Geduld des Lehrers und einigermaßen günstigen äußeren Umständen immer in einem solchen Revolutionär ein tiefes und schweres Leiden aufdecken. Und man wird vielleicht nicht nur verstehen, sondern auch helfen können.

3. Die Lehre von der „Leitidee"

Aus den bisherigen Darlegungen über die Auffassungen der Individual-Psychologie ergibt sich eine grundsätzliche weitere Anschauung. Die nämlich, daß der Einzelne in seinem Leben nach einer mehr oder weniger bestimmten Leitidee lebt. Diese Leitidee ist an sich das Ergebnis der besonderen Individualität und ihrer Lebensgeschichte. Sie hat aber, sobald sie einmal entstanden ist, eine entscheidende Bedeutung für die Lebensreaktionen und für die Gestaltung des individuellen Lebens.

Diese Leitidee darf man sich keinesfalls als eine bewußte, deutlich umschriebene Vorstellung denken, die etwa in entscheidenden Augenblicken des Lebens vor den Augen des zur Entscheidung Genötigten steht. Gewiß kann auch das vorkommen. Wenn sich etwa Napoleon zum Ziel seines Lebens gesetzt hat, die Macht zu erlangen und zu besitzen, so ist dies ohne Zweifel ein Faktum der Bewußtheit. Aber auch hier schon, wo es sich gewiß um einen Ausnahmefall handelt, sieht man, daß die bestimmende Leitidee „Machtstellung" höchst allgemeiner Natur ist und ganz gewiß nicht schon vorgeformt die Idee des Empires, geschweige denn dessen politische und tatsächliche Einzelheiten in sich enthält.

Noch weniger deutlich umschrieben und noch weniger bewußt ist die Leitidee irgendeines beliebigen Sterblichen, der etwa in seinem Leben und in seinem Verhalten als „ehrlicher Mann" oder als „Don Juan" oder als „weltfremder Intellektueller" oder etwa nur einfach als „Familienvater" erscheinen will. In allen diesen beliebig vermehrbaren Beispielsfällen des täglichen Lebens entscheidet eine im ganzen unbestimmte und dennoch gleichzeitig besondere Idealform, in der der Einzelne in seinen eigenen Augen, mehr aber noch in den Augen der anderen gelten möchte. Sogar der Wille, der ja nichts ist als eine bewußte Zielsetzung im allgemeinen, ist hier nicht eigentlich als Wille in diesem Sinn, also als durchaus bewußt, zu verstehen. Im Grunde ist sogar im Gegenteil die Leitidee vom bewußten Willen insofern unabhängig, als sie in der Regel weder bewußt gewählt noch bewußt gewollt ist. Vielmehr ist sie schlechthin da. Und wollte man einem seine Leitidee aufzeigen und deutlich machen, so würde er immer sehr erstaunt sein und keineswegs immer bereit sein zuzugeben, daß die Erklärung stimmt.

Nebenbei bemerkt sei hier schon, daß das Wesen einer „Leitidee", wie sie die Individual-Psychologie meint, durchaus nicht grundsätzlich und allgemein „final", also zielgerichtet ist. Der

Gegensatz von „final" ist „kausal". Kausal heißt verursacht, von Ursachen abhängig und durch Ursachen bestimmt und bewirkt. Kausal fassen Freud und die Psychoanalyse die Lebens- und Charakterentwicklung auf. Das heißt, nach ihrer Auffassung sind alle psychologischen Erscheinungen und Entwicklungen als Erlebnisfolgen, namentlich solche der frühen Kindheit, zu verstehen. Allerdings ist auch nach psychoanalytischer Meinung die gegebene Konstitution des Einzelnen einer der „kausalen" Faktoren der Entwicklung. Die neuere Fortentwicklung der psychoanalytischen Lehre, namentlich wie sie durch Karen Horney und durch Erich Fromm, beide in Amerika wirkend und lehrend, vertreten ist, betont im Gegensatz zu Freud und in Annäherung an Adlers Lehre die besondere Art der Beziehung des Einzelnen nach außen, zu den Eltern und zur Gesellschaft. Damit wird, durchaus im Sinne von Adler, das Hauptgewicht auf die besondere Artung, auf die Individualität gelegt. Das heißt, daß damit die Gestalt der Endreaktion, also der Resultante zwischen Ich und Du, vorwiegend durch das Ich bestimmt werde. Damit aber wird die Entwicklung final – im Sinne einer durch das Ich vorbestimmten Zielrichtung – gestaltet.

Diese kurze Überlegung zeigt deutlich, daß eine prinzipielle Gegenüberstellung von „kausal" und „final" sicherlich auf dem Gebiete der Psychologie, wenn nicht überhaupt, eigentlich nur ein Spiel mit Worten ist. Denn ganz gewiß ist die Finalität in der Leitidee an sich ebenso kausal bedingt, nämlich durch die Sonderart des Individuums, wie andererseits die individuelle Reaktion eines Kindes auf das Verhalten seiner Erziehungspersonen ebenso gut final, also individuell vorgezeichnet verstanden werden kann. Man wird gut tun, sich auf dem Gebiete der menschlichen Psychologie solch strenger naturwissenschaftlicher Begriffe wie kausal und final nur mit größtem Vorbehalt zu bedienen.

Immerhin, abgesehen von dieser grundsätzlichen Überlegung, sieht Alfred Adler und seine individualpsychologische

Lehre das Entscheidende für alle menschlichen Reaktionen in ihrer Zielgerichtetheit.

Machen wir das an einem Beispiel klar. Ein Schulkind, das durch irgendeinen Defekt, etwa wie in unserem früheren Beispiel durch den vermeintlichen Defekt seiner Linkshändigkeit, sich in die Reihe der Benachteiligten gedrängt fühlt, wird darauf reagieren. Seine Reaktion entspringt („kausal") dem Minderwertigkeitsgefühl. Sie bezweckt sogar die Überkompensation dieser Unzulänglichkeit, also die Vervollkommnung der Persönlichkeit und vor allem ihrer Geltung bei der Umwelt. Nehmen wir an, es strebe im Sinne dieser Kompensationstendenz an, ein Vorzugsschüler zu werden. Dann wird sein Verhalten immer durch die Leitidee des Vorzugsschülers bestimmt sein. Dem Kind wird, keineswegs bewußt, in allen seinen vielfältigen Reaktionen und Teilreaktionen das Vorzugsschülersein vor Augen stehen. Gleichwohl aber wird alles, was es tut, unterläßt, ja sogar alles, was es denkt und fühlt, irgendwie durch die übergeordnete Idealgestalt des „Vorzugsschülers" bestimmt sein. Der eigentliche Ausgangspunkt, nämlich die vermeinte Minderwertigkeit, wird dabei unmittelbar kaum mehr als wirkend erscheinen, sobald einmal der Prozeß der Kompensation eingeleitet ist. In diesem Falle ist das zustandegekommen, was Adler ein „Arrangement" nennt. Es hat sich ein Ausgleich, eine Kompensation eingestellt zwischen ursprünglicher Minderwertigkeit und dem Kompensations- und Geltungswillen, indem das benachteiligte Kind die Rolle eines geehrten, anerkannten und geschätzten Vorzugsschülers erreicht hat. In diesem Augenblick aber ist eigentlich die Gestaltung der Reaktionen im Leben dieses Vorzugsschülers, in Schule und Haus, aus dem Bereich seiner eigenen Lenkungsmöglichkeit hinausgerückt. Sein Verhalten wird nun nicht mehr in erster Linie durch seinen Willen und seine Wahl bestimmt. Vielmehr richtet es sich beinahe nur noch nach dem voraussichtlichen Eindruck in den Augen und in der Meinung der Lehrer, der Mitschüler, also der anderen.

Wir möchten hier schon vermerken, daß diese besondere Art einer Reaktion und eines Verhaltens dem Eindruck zuliebe, dem Du zu gefallen, der Welt zur Entsprechung durch die Psychologie eines anderen Freud-Schülers, C. G. Jung, in dem Begriff der „Persona" umschrieben ist. Ebenso sei andeutungsweise bemerkt, daß das Verhalten, das sich nach dem Eindruck bei anderen richtet, eine der Grunderscheinungen des menschlichen Ausdrucks (expression) ist, also der körperlichen, sichtbaren Formen der Mimik, der Pantomimik, der Handschrift, in denen sich Seelisches ausdrückt. Denn auch der Ausdruck, das lebende, sichtbare Äußere des Individuums, seine Physiognomie sind, soweit sie nicht konstitutionell bedingt sind, durch die Berücksichtigung der Außenwelt bestimmt. Diese Berücksichtigung kann unbewußt, „instinktiv" erfolgen, und sie kann in den Fällen der Maske oder gar der Verstellung unter Umständen klar bewußt geplant und beabsichtigt sein.

Wir dürfen die Leitidee und ihre Wirkung, mindestens im allgemeinen, nicht als Maske oder als Verstellung ansehen, so wenig wir das bei der „Persona" oder bei der Physiognomie dürfen, obgleich die letztere auch die Kleidung, die Haartracht und andere rein äußerliche Sachverhalte umfaßt.

Nehmen wir ein anderes Beispiel, an dem wir zeigen wollen, daß die Wirkung der Leitidee, daß das sogenannte „Arrangement" die Form einer Neurose, also einer Funktionsbeeinträchtigung annehmen kann. Es scheint dies ein Widerspruch. Denn der Sinn der Leitidee ist ja eine Erleichterung und nicht eine Erschwerung der individuellen Lebensform. Aber wenn eine Erleichterung im Sinne einer vollständigen Lösung nicht möglich ist, dann stellt sich die Neurose als das zumindest subjektiv kleinere von zwei Übeln gewissermaßen zur Verfügung.

Nehmen wir wieder ein Kind, das durch irgendeinen Umstand sich minderwertig fühlt. Es kann, wie wir schon sahen, auch andere Kompensationswege als den zum Vorzugsschüler finden. Aus seinem Unzulänglichkeitserlebnis kann sich die Tendenz ergeben, seine eigene Unzulänglichkeit anderen anzulasten, etwa den Eltern oder den Geschwistern oder den Menschen überhaupt. Sie, und nur sie, sind daran schuld, daß ich unzulänglich bin, daß ich etwas nicht kann, was andere ja können. Sie haben die Verantwortung dafür und nicht ich. Es ist wie in der Geschichte von dem Kind, das in der heißesten Sommersonne ohne Kopfbedeckung geht, ja die Kopfbedeckung demonstrativ verschmäht und dazu denkt, oder vielleicht sogar sagt, wenn man es vor den Gefahren eines Sonnenstichs warnt: Es geschieht meinem Vater schon recht, wenn ich einen Sonnenstich bekomme. Warum kauft er mir keinen Tropenhut!

In diesem Falle geht die Leitidee auf Aggression, auf Trotz, auf Herrschsucht aus, auf die Haltung eines Menschen, dem Unrecht geschehen ist und der von allen als Feind angesehen wird. Diese negative Gestalt ist dann die Leitidee und in ihr und ihrer Verwirklichung (soweit diese möglich ist) sucht und findet das Kind eine Kompensation seiner Unzulänglichkeit. Allerdings zahlt es dafür einen hohen Preis, da es nicht zur Ruhe, nicht zu Befriedigung, nicht zur wirklichen, positiven Anerkennung kommen kann, vielmehr nur zu jener Anerkennung, um deretwillen Herostrat zum Verbrecher wurde, indem er den berühmten Artemistempel in Ephesus verbrannte. Wenn man in einem solchen Falle nicht versteht, daß die Aggressivität, daß die Negativität eines solchen Kindes im letzten Grunde durchaus nicht auf eine Bösartigkeit zurückgeht, sondern auf seine Verzweiflung an sich und der Welt, dann tut man dem Kinde unrecht und kann unter Umständen verantwortlich oder mitverantwortlich werden für dessen weitere abwegige Lebensgestaltung. Man darf nicht sagen: Das Kind muß ja durch sein Verhalten leiden, es kann also darin keinen Vorteil sehen, daß es etwa gegen alle Menschen böse ist. Daher muß diese Bösartigkeit in ihm liegen. Man darf auch nicht sagen: Es geschieht diesem Kinde recht, wenn es leidet, denn warum ist es so böse? Es weiß ja und muß wissen, daß ihm Böses mit Bösem vergolten wird. Also ist es keiner Rücksicht und keines Mitleides wert. Solche Entgegnungen sind vielleicht emotionell verständlich, etwa bei einem Lehrer, dem ein solches Kind die Arbeit erschwert oder verbittert. Aber sie sind nicht stichhaltig. Tieferes psychologisches Verständnis müßte in diesem oder einem ähnlichen Fall den Lehrer veranlassen, seine persönlichen Gefühle gänzlich zurückzustellen und das Kind als unglücklich und nicht als böse zu begreifen. Es müßte ihn dazu führen, einem solchen Schüler besondere Sorgfalt und Aufmerksamkeit und besonderes Verständnis zuzuwenden und, wenn er etwa selbst nicht in der Lage wäre, seiner Individualität gerecht zu werden, auf geeignete Art vorzusorgen, daß dem Kind fachkundige psychologische Hilfe zuteil wird. Es ist erstaunlich und erschütternd, daß in vielen Fällen derart hoffnungslos scheinender Jugendlicher eine geschulte und einsichtsvolle Behandlung Wandel und Neugestaltung des Lebens erreichen kann.

4. Der „ichhafte" Mensch

Einem Schüler Alfred Adlers, dem Berliner Psychologen Fritz Künkel, verdanken wir die Beobachtung, die Beschreibung und das Verständnis eines psychologischen Sachverhaltes, den er „Ichhaftigkeit" nennt. „Ichhaft" bedeutet eine besondere Betonung des eigenen Ich. Betont kann das Ich nur werden in bezug auf die anderen. Aus der Betonung des eigenen Ich kann, wenn es sich um dessen Interessen im eigentlichen Sinn handelt, der Sachverhalt des „Egoismus" erwachsen. Egoist ist der Mensch, der nicht imstande oder willens ist, seine eigenen Interessen, seine eigenen Ansprüche denen der anderen gegenüber zurückzustellen. Ein Egoist wird etwa einem anderen Menschen, der sich in Not befindet, nicht beispringen, weil er dadurch sein eigenes Wohlbefinden gefährdet oder beeinträchtigt.

In einem anderen Sinn ist das Ich betont, wenn ein Mensch

die Dinge, die um ihn sind, die Ereignisse, die um ihn geschehen, immer auf sich selbst in erster Linie bezieht. Ein Unglück etwa, das einem anderen geschieht, wird bei ihm den Gedanken auslösen: Was wäre, wenn das mir widerfahren wäre? Das ist nicht Egoismus, da es sich nicht um Interessenfragen handelt. Das ist vielmehr eine egozentrische Einstellung der Welt gegenüber, das heißt, das eigene Ich wird dabei als Mittelpunkt und Bezugspunkt alles Geschehens erlebt. Natürlich ist Derartiges mehr oder weniger bei jedem Menschen der Fall. Daher werden wir nur dann einem Menschen egozentrisch nennen, wenn er gar keine andere Möglichkeit der Stellungnahme zum äußeren Leben hat. Ein solcher Mensch kann dabei durchaus gutherzig, warmfühlend, aufopferungsfähig sein.

Nun gibt es eine besondere Form der Ichbezogenheit oder Egozentrizität, die sich von den anderen Formen unterscheidet. Der Unterschied liegt darin, daß zugleich mit der Beziehung aller Dinge auf das eigene Ich alle diese Dinge dieses Ich verletzen. Der Mensch solcher Art ist in einer bestimmten Weise empfindlich. Was um ihn herum geschieht, ob nun Dinge oder Menschen dabei eine Rolle spielen, trifft ihn, und zwar trifft es ihn schmerzlich. Er empfindet in allem eine Absicht gegen sich selbst, mag auch objektiv gar keine Rechtfertigung für eine solche Annahme bestehen.

Ein lebendiges Beispiel für diese Art der Lebenseinstellung ist die sogenannte „Tücke des Objekts". Wenn ich mir etwa beim Bücken den Kopf an einer Möbelecke anschlage, so wird mir das wie allen anderen Menschen körperlichen Schmerz bereiten. Viele Menschen werden auch ärgerlich sein über dieses Mißgeschick. „Ichhafte" Menschen werden außer dem körperlichen Schmerz und dem Ärger ein Haß- und Rachegefühl manchmal stärkster Affektivität erleben. Haß und Rache gegen das Möbelstück, gegen das Objekt, das auf solche Art in einer höchst primitiven Art als lebendes, wollendes, daher verantwortliches und feindliches Wesen erlebt wird. Dieser primitive Animismus, der bei Naturvölkern weit allgemeiner und bedeutsamer wirkt, ist auch in unserer modernen Kulturgemeinschaft durchaus lebendig. Hier aber interessiert uns nur die andere Seite dieses Erlebnisses, nämlich die des Ich, das für seine Beule an der Stirn nicht die eigene Unachtsamkeit, sondern auf eine höchst unvernünftig scheinende Weise irgendjemand anderen verantwortlich macht. Natürlich wird ein solcher Mensch nicht ernstlich und nicht vernünftigerweise wirklich glauben, daß ein Jemand ihm diese Beule zugefügt hat. Aber in dem Augenblick, da er diese empfängt, reagiert sein Ich so, daß er durchaus und ehrlich wütend ist auf einen, der ihm Schmerz zugefügt hat. Er kann darüber hinaus – wie jeder wohl schon gesehen haben dürfte – meistens in einer höchst unangemessenen Weise reagieren, so wie es mit der objektiven Bedeutung eines solchen unwichtigen Erlebnisses durchaus nicht in Einklang zu bringen ist, etwa durch Stampfen, durch Schimpfen, durch aggressive Akte gegen Menschen und Dinge, indem er etwa den Tisch schlägt oder gar zerschlägt und derlei mehr. Subjektiv ist sein Verhalten bestimmt durch die Betonung des eigenen Ich, das verletzt wurde. Durch diese Betonung ist ihm in demselben Augenblick jeder Sinn und jede Möglichkeit für eine objektiv-realistische Betrachtung des Sachverhaltes verlorengegangen. Sowohl die Bedeutung wird überschätzt als auch die Kausalität falsch eingeschätzt. In dem kritischen Augenblick ist nach seinem subjektiven Erleben nicht durch eigene Unvorsichtigkeit ein geringfügiger körperlicher Schmerz entstanden, sondern durch die schuldhafte Bösartigkeit eines unbekannten Anderen ist ihm etwas unvergleichlich Schweres an Schmerz und Unrecht zugefügt worden. Das überbetonte Ich läßt eben objektive Beurteilung eines Sachverhaltes nicht mehr zu und übertreibt im eigenen Erleben das widerfahrene Mißgeschick, indem es zugleich die geringfügige eigene Schuld in übermäßiger Vergrößerung nach außen projiziert.

Halten wir fest, daß eine solche Reaktion nichts mit Vernunft oder Unvernunft, nichts mit Bewußtheit zu tun hat. Ganz im Gegenteil ist sie ausschließlich durch unbewußte, so-

Der „ichhafte" Mensch

gar bewußtseinsunfähige Tendenzen im Ich verursacht. Diese Tendenzen lassen sich unter der Bezeichnung „Ichbezogenheit" oder auch „Ichhaftigkeit" kennzeichnen. Und im Besitz der Erkenntnis, daß eine solche Ichbetonung eine Überkompensationserscheinung ist, können wir daraus leicht den Schluß ziehen, daß der eigentliche Grund einer solchen Reaktionsweise ein nicht zugegebenes oder verborgenes, also unbewußtes Mißtrauen zur Kraft und zum Wert des eigenen Ich ist.

Es gibt Menschen, welche, wenn ihnen auf der Straße ein Bekannter begegnet und sie nicht sieht, ohne weiteres und selbstverständlich darin eine beleidigende Absicht des Betreffenden sehen werden. Sie werden, wenn ihnen irgendjemand, sei es auch mit voller objektiver Berechtigung und mit größter Höflichkeit und Rücksicht, einen Irrtum oder einen Fehler vorhält, den sie begangen haben, das Gefühl tiefer Kränkung und Beleidigung haben. Sie werden außerstande sein, den unschuldigen objektiven Sachverhalt als solchen zu verstehen, selbst wenn ihre Intelligenz ihnen das ohne weiteres gestattet und selbst wenn sie vernünftigerweise zugeben müssen, daß kein Unrecht ihnen gegenüber geschehen oder beabsichtigt war. Ihre Reaktionsweise liegt außerhalb ihres Bewußtseins, ihrer bewußten Persönlichkeit, und gründet sich in einem unbewußten, mit dem gegenwärtigen Erlebnis gar nicht zusammenhängenden Minderwertigkeitsgefühl.

Es ist, genauer gesagt, eine Labilität des eigenen Selbstgefühls, eine Unsicherheit in der wirklichen Einschätzung eigener Werte und Unwerte der Grund solcher „ichhaften" Einstellung.

Es ist verständlich, daß Selbstbesinnung etwas, aber kaum etwas Dauerndes und Entscheidendes in einem solchen Fall zu ändern und zu bessern vermag. Es geht gar nicht um die Vernünftigkeit und Unvernünftigkeit des Verhaltens. Vielmehr müßte auf den Grund der Ungesichertheit des Selbstgefühls eingegangen werden, der im Bereich des Unbewußten liegt. Ausgesprochene „Ichhaftigkeit" kann mit voller Berechtigung als Neurose angesprochen werden.

5. Die Rolle der Gesellschaft

Daß die Lebensgestaltung und zugleich die Charakterentwicklung eines Menschen von den beiden Faktoren des eigenen Ich und der sozialen Umwelt bestimmt ist, wird von niemand bestritten werden können. Natürlich ist auch die Individual-Psychologie nicht anderer Meinung.

Unterschiede gibt es in der Betrachtung dieses Problems bloß insofern, als man das Verhältnis dieser beiden Faktoren zueinander und ihre relative Rolle in der Entwicklung des Charakters verschieden einschätzen kann. Die Psychoanalyse Freuds legt, wie wir schon sahen, mehr Gewicht auf die äußeren Umstände, namentlich der Kinderzeit, und schreibt ihnen in erster Linie Entwicklung und Fehlentwicklung zu. In diesem Sinne hat C. G. Jung die psychoanalytische Anschauung als extravertiert bezeichnet. Wir haben schon erwähnt, daß einige der neuesten Zweige am Baume der psychoanalytischen Lehre, nämlich die Lehren von Horney und Fromm, die Wertung ein wenig verändern.

Die Individual-Psychologie dagegen sieht als allein entscheidenden Faktor das Ich, die Individualität an. Aus ihr erwachsen die Entwicklungsziele. Daher ist in diesem Sinn die Individual-Psychologie von Jung als introvertiert bezeichnet worden.

Dennoch aber ist die Individual-Psychologie keineswegs geneigt, die von außen her, aus der sozialen Umgebung stammenden Einflüsse und Einwirkungen zu übersehen oder zu unterschätzen. Im Gegenteil erkennt gerade sie die Notwendigkeit und die Aufgabe, durch die Veränderung und Verbesserung sozialer Lebensumstände die Veränderung und Verbesserung charakterlicher Schwierigkeiten zu bewirken. Daher kann man verstehen, daß gerade die Individual-Psychologie, soweit wir wissen, in Sowjet-Rußland und interessanterweise in den Vereinigten Staaten von Nordamerika eine verhältnismäßig besonders große Anerkennung und Verbreitung gefunden hat.

Die Individual-Psychologie sieht in der charakterbildenden Wirkung des Sozialmilieus eine Wirkung auf das Minderwertigkeitsgefühl. Die Charakterentwicklung des Proletarierkindes wird, so behaupten Adler und seine Schule, durch die soziale Beeinträchtigung, in der es aufwächst, entscheidend bestimmt. Und ebenso ist umgekehrt das soziale Milieu der Reichen von bestimmender Wirkung auf die Entwicklung der dieser Schicht angehörigen Kinder. Daher erwartet die Psychologie Adlers von der Verbesserung und Angleichung der sozialen Verhältnisse des Proletariats eine grundlegende Verbesserung der Charakterentwicklung der Proletarier. Die merkwürdige, scheinbar widersprüchliche Konsequenz dieser Auffassung ist, daß die Gleichartigkeit der sozialen Umstände zu einer Gleichartigkeit der psychologischen Entwicklung führen müßte. Trotz der Voranstellung der Individualität an sich würde also die Nivellierung des äußeren Milieus die Unterschiede der Individualitäten im wesentlichen ausgleichen, insofern diese sich in einer zumindest in sozialer Hinsicht ungestörten Entwicklung entfalten könnten. Die Individual-Psychologie kann also als psychologische Ergänzung und Vertiefung des marxistischen Sozialismus aufgefaßt werden.

Zu den äußeren Umständen, die die Charakterentwicklung beeinflussen, gehört in ganz besonderem Maße die Familie. Auch Freud und besonders er hat dies erkannt. In dieser Beziehung ist der prinzipielle und entscheidende Unterschied der Auffassung zwischen den beiden Lehrmeinungen eigentlich am geringsten.

Für die Bedeutung der Familienverhältnisse in der Charakterbildung stehen natürlich die Eltern im Vordergrund.

Während aber Freud Vater und Mutter bzw. allgemein gesprochen die Erziehungspersonen besonders betrachtet, hat Adler sein Augenmerk auch auf die Verhältnisse innerhalb der Familie gerichtet. Seine Erfahrung und gewiß auch die Erfahrung jedes Menschen zeigt, daß die Entwicklung eines Kindes in typischer Weise dadurch beeinflußt werden kann, daß es in der Familie das einzige Kind ist oder das älteste oder das jüngste. Auch das mittlere Kind oder ein spätgeborener Nachzügler zeigt Eigenschaften, die ohne Schwierigkeit aus seiner Stellung innerhalb der Familie verstanden werden können.

Das einzige Kind ist das, welches vermöge seiner Alleinherrschaft in der Familie zu viel Hilfe erhält. Es hat nicht nötig, sich auf sich selbst und auf seine Kraft und Fähigkeit zu verlassen. Es bekommt, was es will und braucht, so gut wie ohne eigene Anstrengungen. Und so ist es verständlich, daß seine Hilflosigkeit oder Schwäche und die daraus sich ergebenden Auswirkungen sein Leben und seinen Charakter allmählich kennzeichnen. Es gelangt dazu, seine eigene Hilflosigkeit zu betonen und sogar zu übertreiben. Denn es ist daran gewöhnt, daß alle Erwachsenen, ja vielleicht überhaupt alle Menschen seine Diener sind, und es findet das durchaus selbstverständlich. Es macht ganz von selbst aus der Schwäche eine Kraft, und hier kann man wahrlich nicht sagen, daß es aus der Not eine Tugend macht. Im Mittelpunkt der Sorgfalt aller Familienangehörigen aufgewachsen, versteht es sehr bald, daß diese besondere Obsorge ihm ganz von selbst ein Übergewicht über die anderen, ja eine Art Alleinherrschaft verschafft und sichert. Diese Despotie aus Schwäche wird nun seine Stärke. Zu eigener Leistung, zu selbstverständlicher Anstrengung fehlt ihm zunächst der Anlaß, bald aber auch der Mut. Und so kommt es denn spätestens in der Zeit, da es die Schule besucht, bald zu allerlei Störungen und Schwierigkeiten. Denn in der Schule ist es natürlich nicht mehr das einzige Kind. Vielmehr ist es nun eines unter vielen. Es findet zu seiner schmerzlichen Überraschung keinerlei Bereitwilligkeit der anderen, besonders nicht des Lehrers, ihm die allzu gewohnte Anerkennung seiner Einzigkeit zu zollen. Und nun versucht es in sehr bezeichnender Weise, diese Anerkennung zu gewinnen. Aber nicht indem es sich durch besondere Leistungen vor den anderen auszeichnet und sich damit die besondere Wertschätzung verdient. Sondern vor allem oder vielleicht sogar ausschließlich dadurch, daß es in anderer Weise die Aufmerksamkeit auf sich lenkt und sich in den Mittelpunkt stellt: sei es, daß es immer wieder durch allerlei Krankheiten, durch Kopfschmerzen, Erbrechen oder andere Schwierigkeiten sich vom Schulbesuch zu befreien sucht, ohne daß es dabei etwa lügt oder simuliert, oder daß es durch auffallendes, störendes Benehmen in der Klasse die verlorene Ausnahmestellung zu gewinnen sucht. Es wäre falsch, solche Erscheinungen schlechthin als Zimperlichkeit oder als Bosheit zu bezeichnen und damit als unwichtig abzutun. Damit ist dem Kinde nicht geholfen, und damit verändert es sich auch nicht. Nimmt sich aber ein Lehrer in einem solchen Fall die Mühe, das Kind zu verstehen, ihm nicht den Gefallen zu tun, auf solche negative Art seine Ausnahmestellung anzuerkennen, sondern gelingt es ihm, dem Kinde Mut zu machen und es so von der Nichtigkeit seines Strebens nach bloßem Auffallen zu entfernen, dann kann es sein, daß das Kind allmählich lernt, von seinen positiven Fähigkeiten in produktiver Weise Gebrauch zu machen und seinen Platz im Leben, wenn auch nicht mehr im Mittelpunkt, zu finden.

Es sei hier bemerkt, daß dieser Fall der Charakterentwicklung des Einzelkindes an sich ein Sonderfall des sogenannten „Oral-Charakters" ist, wie ihn Freud und die psychoanalytische Schule untersucht und geschildert hat.

Wird das Einzelkind durch das spätere Hinzukommen eines jüngeren Geschwisters verdrängt, wird es also das älteste oder das ältere Kind, so ist die nächste Folge meistens unverkennbare Eifersucht gegenüber dem Neuankömmling. Später kann sich das Kind mit dieser neuen Situation abfinden und kann sich sogar rascher zu Verantwortungsgefühl und innerer Sicherheit entwickeln, wie es eben einem älteren Kind zukommt. Es kann sich aber auch sehr häufig das Gefühl der Benachteiligung und der Beraubung festsetzen und das Kind in seiner Charakterentwicklung beeinträchtigen. Solche Kinder sind oft übermäßig empfindlich. Sie glauben sich immer und von jedem verfolgt, beleidigt, und da man sie deshalb natürlich noch weniger lieben kann, verstärkt sich diese Abseitsstellung ins Ungemessene. Hier kann einer der Ausgangspunkte der sogenannten „Ichhaftigkeit" liegen. Vom erzieherischen Standpunkt wird hier eine Besserung zu erreichen sein, wenn dem Kind die Liebe, deren es sich beraubt fühlt, entgegengebracht werden kann.

Auch das jüngste Kind kann durch seine besondere Stellung in der Familie in seiner Charakterentwicklung beeinflußt oder beeinträchtigt werden. Es kann manchmal, namentlich als spätgeborenes Jüngstes, ähnlich wie ein einziges Kind behandelt werden und sich auch so entwickeln. Es kann aber auch umgekehrt die Aussichtslosigkeit seiner Stellung als Jüngstes gegenüber den weit vorgeschrittenen Älteren, die es ja nicht einholen kann, erleben und empfindlich, vor allem aber mutlos werden. Diese Mutlosigkeit aber bekommt sehr häufig eine oppositionelle, ja geradezu eine revolutionäre Note, die des Jüngsten, der sich um keinen Preis etwas gefallen läßt und der immer wieder in eine Kämpferstellung gerät, die eigentlich eine Verteidigungsposition ist. Verwegenheit, Rauflust bei gleichzeitiger Unsicherheit kennzeichnen oft solche Kinder. Ein nie ruhender Ehrgeiz und zugleich ein Mangel an Gemeinschaftsgefühl erschweren die gegenseitigen Beziehungen. Alle Leistungen einer solchen Natur sind im Grunde unsachlich, weil sie nichts als Erhöhung des Persönlichkeitsgefühls und der Geltung bezwecken sollen.

Ebenfalls zu dem äußeren Milieu gehört das Geschlecht. Es ist ein wesentlicher Unterschied für die soziale Wertung eines Menschen, ob er als Mann oder als Frau im Leben und in der Gesellschaft steht. Im allgemeinen ist die Frau in unserem Kulturbereich von der Sekunde der Geburt an gegenüber dem Mann benachteiligt. Das hat natürlich auch die Psychoanalyse erkannt und die Bedeutung des Geschlechtsunterschiedes schon für die Kinder besonders hervorgehoben. Es sei erinnert an die daraus erwachsenden Phänomene der Kastrationsangst des Knaben und des sogenannten Penisneids des Mädchens.

Für Alfred Adler liegt auch hier das Hauptgewicht auf dem Sachverhalt des Minderwertigkeitskomplexes. Er sieht in dem Benachteiligungsgefühl des Mädchens nicht eine im Sexuellen wurzelnde Erscheinung. Vielmehr ist diese ihm nichts anderes als ein Anlaß und ein Verstärkungsfaktor eines Minderwertigkeitsgefühls. Daraus entspringt ihm das, was er „männlichen Protest" nennt. Das Bestreben des Mädchens, seine Benachteiligung dem Knaben gegenüber zu kompensieren, führt zu der Überbetonung seiner Unweiblichkeit oder, positiv gesagt, seiner Männlichkeit. Das Mädchen benimmt sich bubenhaft in der Auswahl seiner Spiele, seiner Gesellschaft, sogar seiner Kleider. Zuletzt wird die weibliche Homosexualität als Ausdruck des „männlichen Protestes" verstanden.

Nun kann nicht übersehen werden, daß in dieser Gedankenentwicklung ein merkwürdiger Widerspruch verborgen liegt. Die Leugnung oder zumindest die Hintansetzung des Sexuellen in seiner Bedeutung für die Charakterentwicklung führt nun hier gerade zu einer besonderen Betonung der sexuellen Eigenart, wenn auch des anderen Geschlechtes. Dies ist einer jener Punkte, in denen die Anschauung der Individual-Psychologie im Grunde nicht so stark von jener der Psychoanalyse abweicht – so offenkundig sie sich auch von ihr distanzieren möchte.

6. Unterschiede und Gemeinsamkeiten zwischen Psychoanalyse und Individual-Psychologie

Im Verlaufe der Darstellung wurde an verschiedenen Stellen schon das hervorgehoben, was die Auffassung der Psychoanalyse und die der Individual-Psychologie voneinander unterscheidet, aber auch das, worin beide Schulen trotz aller betonten Gegensätzlichkeit einander gleichen.

Fassen wir hier nochmals übersichtlicher zusammen. Niemand kann ernstlich behaupten, daß die Grundlagen der beiden Auffassungen nicht gleich sind. Die Individual-Psychologie geht ganz genau so wie die Psychoanalyse davon aus, daß Charakterentwicklung, Charaktergestaltung und die psychische Reaktion von einem Unbewußten abhängt und auf ihm aufruht. Die Tatsache und vor allem die Reaktionen eines Minderwertigkeitsgefühls sind ohne Annahme eines unbewußten Faktors nicht zu verstehen. Deutlicher noch wird das dadurch, daß die Individual-Psychologie sich der Deutung von Symbolen oder Symptomen bedient, die in der sichtbaren Reaktion auftreten und aus denen mittelbar der unbewußt gebliebene wirkende Faktor erkannt werden kann. So hat Alfred Adler schon frühzeitig die Schlafstellung zum Gegenstand eingehender Untersuchungen und Studien gemacht. Die Stellung, die ein Mensch im Schlaf einnimmt, etwa ob er zusammengekauert liegt oder ausgestreckt, ob er den Kopf und das Gesicht verhüllt oder sonst besondere Posen einnimmt, ist ganz gewiß nicht vom Bewußtsein diktiert oder geleitet. Deshalb hat ihr Alfred Adler besondere Aufmerksamkeit zugewandt und fruchtbare Wege einer aufdeckenden Deutung gefunden und angegeben.

Auch die Fehlleistungen, auf die Freud aufmerksam gemacht hat, dienen der Individual-Psychologie ebenso wie der Psychoanalyse im gleichen Sinne der Aufdeckung des verborgenen oder des verdrängten Unbewußten.

Natürlich wird auch das Prinzip der Freudschen Traumdeutung als Methode von der Individual-Psychologie übernommen und verwendet. Auch der Individual-Psychologe kann nicht darauf verzichten, den Trauminhalt zu deuten und damit einen wichtigen Weg unter die Schwelle des Bewußtseins zu finden.

Freilich bestreitet Alfred Adler die Lehre Freuds, daß der Traum immer eine Wunscherfüllung darstelle. Aber vielleicht ist gerade der Gedanke Freuds, daß das Unbewußte im Traum die Erfüllung unerfüllbarer Wünsche realisiere, also einem Ziel

– nämlich der Wunscherfüllung – zugewendet sei, eine Gemeinsamkeit beider Auffassungen, obgleich sie meist nicht so verstanden wird.

Betrachten wir nun andererseits die Unterschiede und Gegensätzlichkeiten der beiden Lehren.

Da ist vor allem die ablehnende Haltung Adlers gegen die Lehre Freuds von der Sexualisierung des Seelenlebens zu bedenken.

Wir haben schon in dem Kapitel über die Psychoanalyse mit allem Nachdruck hervorgehoben, daß man zu Unrecht und mißverständlich der Psychoanalyse die All-Sexualisierung unterstellt. Zunächst deshalb, weil Freud gar nicht von Anfang an von der Sexualität als Neurosengrundlage ausging. Vielmehr war es so, daß seine Untersuchungen und Aufdeckungen des Unbewußten ihn immer wieder auf die Sexualität hinleiteten.

Aber das, was Freud unter Sexualität versteht, namentlich sein Begriff der Libido und vor allem seine Auffassung der kindlichen Sexualität, ist etwas viel weiter Gefaßtes als das, was man gemeinhin darunter versteht. Es ist vor allem nicht dasselbe wie die genitale Sexualität, die Geschlechtlichkeit also, die mit der physischen Funktion der Sexualorgane unmittelbar zusammenhängt. Da das Kind keine funktionsfähigen Genitalien hat, wäre es auch unsinnig, in diesem Sinne von einer kindlichen Sexualität zu sprechen. Vielmehr ist Sexualität oder Libido im Sinne Freuds etwas viel Allgemeineres und könnte vielleicht am ehesten und besten mit der Vorherrschaft des Lustprinzips oder des Lust-Willens umschrieben werden. Lust-Wille aber ist in seinem eigentlichen Sinne wiederum den Ichtrieben und damit dem Trieb nach Ich-Erfüllung und Ich-Entfaltung zuzuordnen.

Wenn diese Ich-Erfüllung aus irgendwelchen Gründen erschwert oder unmöglich wird, dann ist die Folge das Erlebnis der Unlust oder, anders gesagt, das Erlebnis eines Mangels. Und worin liegt nun der grundsätzliche Unterschied zwischen diesem Erlebnis und dem des Adlerschen Minderwertigkeitsgefühls? Der Unterschied, der zwischen beiden Auffassungen besteht, ist in Wahrheit nur der der Tiefe der Schicht, in der dieser Ausgangspunkt gesucht wird. Da muß aber wohl gesagt werden, daß Adler bei seinem Vorstoß in die Tiefe des Unbewußten sich früher zufrieden gibt und sich mit einer Lösung begnügt, die zwar nicht oberflächlich, aber gewiß weniger tiefschichtig liegt als die Freudsche Lehre.

Erinnern wir uns aber weiter, daß Adler selbst das Streben nach Geltung, das er an Stelle des „sexuellen" Motivs annimmt, als „männlichen Protest" bezeichnet. Die Wahl dieses Ausdrucks ist kein Zufall, sondern zeigt, wie wenig Adler selbst sein „Geltungsprinzip" als absolutes Motiv verstand und wie eng es für ihn – wenn auch vielleicht unbewußt – mit einem unzweifelhaft sexuellen Faktor verbunden war.

Als grundsätzlicher Unterschied der beiden Lehren wird immer wieder hervorgehoben, daß die Psychoanalyse kausal denke, die Individual-Psychologie aber final. Wir haben schon darauf aufmerksam gemacht, daß bei dieser Unterscheidung ein Wesentliches unbeachtet bleibt. Es handelt sich hier um das lebendige Seelenleben und nicht um tote Dinge. Seelisches aber ist seinem Wesen und Begriffe nach nicht anders als individuell zu verstehen. Es besteht aus Faktoren und Motiven, die zusammen ein lebendiges und von allen anderen ähnlichen Erscheinungen verschiedenes, also individuelles Ganzes bilden. Man kann daher unter gar keinen Umständen dieses ursprünglich wirkende Ganze, die Konstitution, die Individualität oder wie man es betrachten und nennen möge, beiseite lassen, wenn man seine Reaktion auf Umwelteinflüsse und gegenüber der Umwelt betrachtet. Es ist zugleich Ursache oder Causa, aber auch zielbestimmend oder final. Denn alle seine Reaktionen sind ebenso von innen aus determiniert wie zugleich von außen her bestimmt. Sie sind immer zugleich kausal und final. Welchen der beiden Aspekte man hervorhebt, ist – genau besehen – nicht objektiv durch die Sachlage, sondern höchstens subjektiv dadurch bestimmt, daß der Betrachter mehr extravertiert oder mehr introvertiert eingestellt ist. Im ersteren Falle wird ihm das Kausale wichtiger erscheinen; im zweiten Falle wird er das finale Moment als entscheidender ansehen.

Wichtiger allerdings ist der praktische Unterschied: der Unterschied der therapeutischen Praxis beider Schulen.

Die Psychoanalyse bemüht sich, durch gemeinsame Arbeit die Causa, also den Ursprung der Neuroseentwicklung aufzudekken und zwar, indem sie das sogenannte „Trauma", also das weit zurückliegende auslösende Erlebnis wieder bewußt zu machen bestrebt ist. Dabei legt sie geringes Gewicht auf das verstandesmäßige Verstehen und erwartet davon nur zum allergeringsten Teil eine lösende Wirkung. Vielmehr geht der eigentliche Sinn der psychoanalytischen Therapie darauf hinaus, den seinerzeitigen durch das Trauma ausgelösten und inzwischen verdrängten Konflikt wiederzubeleben und dadurch, unter den geänderten und günstigen Umständen der Gegenwart, nunmehr aufzulösen. Die Psychoanalyse geht also in die Tiefe unter das Bewußtsein. Dabei bedient sie sich bewußt und systematisch der Dynamik der sogenannten Übertragung, die ihrerseits auf Unbewußtem aufruht. Es handelt sich also hier um Tiefenpsychologie im eigentlichsten und tiefsten Sinn. Und es handelt sich um eine kausale Behandlung, die die eigentlichen Grundlagen angeht.

Anders die Individual-Psychologie. Schon äußerlich ist es kein Zufall, sondern sehr kennzeichnend, daß die individualpsychologische Behandlung sich als Gespräch mit dem gegenübersitzenden Patienten abspielt. Der Sinn dieses Gespräches ist in erster Linie eine Wirkung auf Verstand und Verständnis. Natürlich wird dabei nicht darauf verzichtet, die dem Bewußtsein entzogenen Faktoren mit heranzuziehen. Aber in ganz anderer Art als bei der Psychoanalyse dienen diese mehr für das Verständnis und für die Diagnose des Therapeuten und für die Überzeugung des Patienten. Es ist eine gar nicht in erster Linie beabsichtigte Wirkung des unvermeidlichen „Übertragungsverhältnisses" zwischen Patient und Arzt, das dieser Überzeugungsaktion die wirksame Verbindung mit dem Unbewußten gibt.

So wird es verständlich, daß die Behandlung des Individual-Psychologen in der Regel wesentlich rascher beendet werden kann und daß sie besondere Erfolge gerade bei Kindern hat. Denn ihre Richtung und auch ihre Wirkung ist mehr auf die oberen Schichten als auf die tiefsten Lagen der Individualität hin ausgerichtet. Auch hier muß – von der Seite des Patienten aus gesehen – gesagt werden, daß der Erfolg einer Behandlung nach dieser oder jener Schule bedingt ist durch die persönliche Eigenart des Patienten, ebenso wie durch die des Therapeuten.

Es ist kein Zweifel, daß die große und unbestreitbare Bedeutung und die eindrucksvollen Erfolge der inividualpsychologischen Auffassung und Praxis gerade im Bereiche der Pädagogik und ihrer Aufgaben ihr Hauptgebiet gefunden haben. Es scheint auch, daß in der Literatur die produktive Mitarbeit der Lehrerschaft wichtiger für die individual-psychologische Lehre ist als für die psychoanalytische Lehrmeinung.

CARL GUSTAV JUNG

UND DIE ANALYTISCHE PSYCHOLOGIE

1. C. G. Jungs Leben und Werk

Carl Gustav Jung ist im Jahre 1875 in der Schweiz geboren und studierte an der Universität Basel Medizin. Seit 1900 als Psychiater tätig, beschäftigte er sich über den Rahmen eines engeren Fachgebiets hinaus mit eingehenden Studien insbesondere über Assoziation und veröffentlichte im Jahre 1904 sein Werk über „Assoziations-Experimente". Diese Studien, in denen er die Dynamik und den Weg der automatischen Aneinanderreihung von Einfällen untersuchte, führten ihn von selbst dazu, sich für unbewußte Vorgänge und Sachverhalte überhaupt zu interessieren. Im Jahre 1907 traf er zum ersten Mal mit Sigmund Freud zusammen. Es entstand daraus eine für beide Teile wichtige und fruchtbare wissenschaftliche Beziehung. Jung übernahm bald die Redaktion des von ihm zusammen mit Freud und dem Züricher Psychiater Professor Ernst Bleuler gegründeten „Jahrbuchs für psychologische und psychopathologische Forschungen" und wurde im Jahre 1911 Präsident der von ihm selbst gegründeten „Internationalen psychoanalytischen Gesellschaft".

Neben zahlreichen, zum Teil außerordentlich wichtigen fachpsychiatrischen Untersuchungen, unter denen besonders seine Forschungen über die Schizophrenie zu nennen sind, publizierte Jung in diesem Jahre eine Reihe von Arbeiten zur Psychoanalyse und über ihre Probleme. Die bedeutsamste Veröffentlichung auf diesem Gebiet ist das im Jahre 1912 erschienene Buch „Wandlungen und Symbole der Libido", dessen neueste wesentlich veränderte Auflage unter dem Titel „Symbole der Wandlung" im Jahre 1952 erschienen ist.

Aber schon in diesem Buch bereitete sich eine Auseinandersetzung zwischen Jung und Freud vor, und bereits im Jahre 1913 trennten sich die beiden Männer in wissenschaftlicher und leider auch in persönlicher Beziehung. Jung konnte sich nicht zur Anerkennung des rein sexualen Charakters des Unbewußten entschließen, und er maß andererseits der „Übertragung" und dem „Widerstand" nicht jene grundsätzliche und grundlegende Bedeutung zu, die Freud annahm und lehrte und die diesem als wesentliche Lehren der Psychoanalyse erschienen.

Jung nannte nach der Trennung seine eigene Lehre nunmehr zum Unterschied von der „Psychoanalyse" die „analytische Psychologie" oder auch „komplexe Psychologie".

Auch die analytische Psychologie C. G. Jungs hat als Grunderkenntnis die Annahme eines Unbewußten beibehalten und die von Freud ausgearbeiteten Methoden der Erkenntnis unbewußter Sachverhalte des Seelenlebens übernommen und weiterverwendet. Ohne Freud und seine Psychoanalyse ist die analytische Psychologie C. G. Jungs ebensowenig denkbar wie die Individual-Psychologie Alfred Adlers. Jung hat, ebenso oder vielleicht in noch bedeutenderer Art als Adler, diesen Grunderkenntnissen Eigenes hinzugefügt und manches verändert. Seine Lehre unterscheidet sich daher von der Psychoanalyse. Dennoch bleibt es bedauerlich, daß Jung ebenso wie Alfred Adler die wissenschaftliche Trennung von Freud als eine persönliche Gegnerschaft zu ihm auffaßte und diese Auffassung in einer nicht immer dem Niveau der Männer und ihrer Arbeit angemessenen Art äußerte. Das bleibt auch bedauerlich, wenn man zugibt, daß Freud seinerseits die Abtrennung der beiden Schüler von seiner Lehre durchaus persönlich auffaßte und, wenn er darüber sprach oder schrieb, nicht immer die akademische Abgeklärtheit und Sachlichkeit zeigte, die man hier erwarten müßte. Ist also schon die Art der Trennung nicht erfreulich, so ist außerdem nicht zu übersehen, daß die sachlichen Unterschiede zwischen der Freudschen Psychoanalyse und der Jungschen analytischen Psychologie – ebenso wie der Adlerschen Individual-Psychologie, worüber schon gesprochen wurde – stärker betont, vielleicht sogar überbetont werden, als ihrer inneren und wesentlichen Gemeinsamkeit entsprechen würde.

Man kann dies auf eine dem Psychoanalytiker verständliche Tatsache zurückführen, den sogenannten „Vaterkomplex". Freud, der „Vater", und seine geistigen Söhne verhalten sich in ihren wissenschaftlichen Gegensätzen genau so persönlich und – man möchte fast sagen – „neurotisch", wie es in echten neurotischen Konflikten zwischen dem leiblichen Vater und seinen Söhnen so oft gesehen wird.

Man muß sich dabei allerdings auch darauf besinnen, daß den Gegensätzen wissenschaftlicher Auffassungsart zwischen Freud einerseits und Adler und Jung andererseits charaktermäßige Gegensätze zugrundeliegen. Jung selbst hat, wie hier schon einmal erwähnt wurde, die Psychoanalyse als eine Extraversionserscheinung bezeichnet, die Individualpsychologie dagegen als eine Introversionstatsache. Das gilt im Grunde auch für seine eigene Grundeinstellung, die weit eher introvertiert ist als die Freudsche. Und zudem ist Jung in seiner ganzen Denkweise anders geartet als Freud. Dieser ist immer der exakte, scharf beobachtende Naturwissenschaftler geblieben, auch dort, wo seine Folgerungen scheinbar den Boden der sinnfälligen Realität verließen. Jung aber neigt im Ganzen und durchaus zu einer mehr metaphysisch-spekulativen Denkweise. Seine innere Verwandtschaft und seine starke Beschäftigung mit der Mystik in allen ihren Erscheinungsformen lassen keinen Zweifel daran zu, daß weniger die exakte Empirik als vielmehr die schweifende Spekulation sein Lebens- und Denkgebiet bildet. Und so ist Jung in sehr bezeichnender Weise als der Vertreter einer „Heilslehre" angesprochen worden. In der Tat mutet vieles an dem Inhalt seiner Lehre und an der persönlichen Wirkung auf seine Schüler religiös an.

Seit dem Jahre 1913 hat Jung eine sehr intensive und weitgespannte wissenschaftliche Tätigkeit entfaltet. Die Zahl seiner Veröffentlichungen erreicht, einschließlich der Übersetzungen und der nicht deutschsprachigen Publikationen, die Ziffer zweihundert. Darunter sind eine große Anzahl umfangreicher und höchst bedeutungsvoller Bücher. Die wichtigsten davon sind etwa (außer den schon genannten):

„Psychologische Typen" (1921; 9. revidierte Auflage 1971); „Das Unbewußte im normalen und kranken Seelenleben" (als dritte Auflage der 1917 erschienenen Arbeit „Die Psychologie der unbewußten Prozesse", 1926; in neuer und erweiterter Auflage „Über die Psychologie des Unbewußten", 1966); „Analytische Psychologie und Erziehung" (1926, erweitert „Psychologie und Erziehung" 1946, 4. Auflage 1970); „Die Beziehungen zwischen dem Ich und dem Unbewußten" (1928; 8. Auflage 1971); „Über die Energetik der Seele" (1928, neu aufgelegt als „Über psychische Energetik und das Wesen der Träume", 1948, 4. Auflage 1971); Kommentar zu „Das Geheimnis der goldenen Blüte" in der Übersetzung aus dem Chinesischen von Richard Wilhelm (1929; 3. Auflage 1965); „Seelenprobleme der Gegenwart" (1931, 6., revidierte Auflage 1969); „Die Beziehungen der Psychotherapie zur Seelsorge" (1932; 2. Auflage 1948); Psychologischer Kommentar zu „Das tibetanische Totenbuch" (1935, 5. Auflage 1948); „Paracelsica" (1942); „Einführung in das Wesen der Mythologie", gemeinsam mit K. Kerényi (1942, 1951); „Psychologie und Alchemie" (1944, 1972); „Aufsätze zur Zeitgeschichte" (1946); „Zur Psychologie der Übertragung" (1946, 1954); „Symbolik des Geistes" (1948, 1972); „Gestaltungen des Unbewußten" (1950); „Aion", Untersuchungen zur Symbolgeschichte (1951).

Erwähnt sei hier auch noch das Buch „Psychologische Betrachtungen" (1945), das eine Auslese aus Jungs Schriften darstellt, herausgegeben und zusammengestellt von seiner Schülerin Dr. Jolan Jacobi.

Jung hat, da seine Lehre, namentlich seine Theorie von den

sogenannten „Archetypen", die auf das Studium der Psychologie primitiver Völker hinwies, in den Jahren 1921–26 ausgedehnte Forschungsreisen nach Nordafrika und nach Amerika unternommen.

Bis ungefähr in sein siebzigstes Lebensjahr war Jung neben seiner ausgedehnten wissenschaftlichen Arbeit als Psychotherapeut tätig. Seine akademische Lehrtätigkeit, die er 1905 als Privatdozent für Psychiatrie an der Universität Zürich begann, aber schon 1913 durch Verzicht auf seine Dozentur beendete, nahm er im Alter wieder auf, und zwar im Jahre 1935 als Professor an der Eidgenössischen Technischen Hochschule in Zürich und 1944, allerdings wegen Erkrankung nur für ein Jahr, als ordentlicher öffentlicher Professor für medizinische Psychologie an der Universität Basel.

Als in Deutschland der Nationalsozialismus die Macht ergriff, demissionierte der damalige Präsident der Allgemeinen Ärztlichen Gesellschaft für Psychotherapie, der berühmte Professor Ernst Kretschmer. An seiner Stelle übernahm C. G. Jung die Präsidentschaft. Es war überraschend und für weite Kreise enttäuschend, daß der politisch und menschlich unabhängige Schweizer sich dazu verstanden hatte. Und noch enttäuschender war es, daß Jung damals in Worten und Taten sich als Anhänger der nationalsozialistischen Doktrinen erklärte, namentlich in bezug auf Freud, der die „germanische Seele nicht gekannt" habe. Man muß daraus erkennen und lernen, daß auch die höchsten geistigen Leistungen eines Menschen seine menschlichen Schwächen und Antinomien, seinen „Schatten" nicht beseitigen können.

Im Jahre 1948 wurde unter Jungs Namen in Zürich das „C. G. Jung-Institut" eröffnet, als Pflege-, Forschungs- und Lehrstätte der Jungschen Lehre.

Jung starb nach einem langen, überaus reichen und bis zum Ende produktiven Leben im Alter von 86 Jahren im Jahre 1961 in Küssnacht.

Zahlreiche Ehrungen von gelehrten Gesellschaften und

Hochschulen in der ganzen Welt wurden Jung zuteil, indem er Ehrendoktor einer ganzen Reihe amerikanischer, europäischer und englischer Universitäten wurde. Er hat seine unermüdliche wissenschaftliche Tätigkeit niemals unterbrochen und niemals aufgegeben.

2. Jungs Lehre vom Unbewußten

Wir haben schon betont, daß Freud im besonderen durch seine Lehre vom Unbewußten einen entscheidenden Schritt in der Richtung zur Erfassung einer Gesamtpersönlichkeit getan hat. Es wurde auch schon gesagt, daß Alfred Adler diesen gleichen Gedanken der Unteilbarkeit des Seelenlebens besonders betont und nach ihr die wissenschaftliche Bezeichnung seiner Lehre gewählt hat.

Wenn es noch möglich war, den Begriff dieser Gesamtheit und Unteilbarkeit weiter zu steigern, dann hat dies Jung getan.

Ihm ist das Unbewußte „die ewig schöpferische Mutter des Bewußtseins". Er sieht also im Unbewußten nicht bloß einen wichtigen Teil des Seelenlebens, sondern mehr als das: seine immer neu das Bewußte bildende und gestaltende Grundlage.

Jung bezeichnet das Zentrum der Gesamtpsyche, die aus Bewußtem und Unbewußtem besteht, als das „Selbst".

Er setzt dem Selbst gegenüber das „Ich", das das Zentrum des Bewußten ist.

Als „Ich" bezeichnet Jung „einen Komplex von Vorstellungen, der das Zentrum meines Bewußtseinsfeldes ausmacht und von hoher Kontinuität und Identität mit sich selber zu sein scheint". Jung spricht daher von einem Ich-Komplex. Das Ich ist also das Zentrum des Bewußtseins, während das „Selbst" der Mittelpunkt der aus Bewußtem und Unbewußtem bestehenden Gesamtpsyche ist.

Wir können hier die Gemeinsamkeit mit Freud hervorheben, dessen „Ich" ebenfalls dem Bewußten angehört und ein Bewußtseinsfaktum bildet, wenngleich nicht mit der ausschließlichen Stärke der Jungschen Definition.

Nach Jung wäre das „Ich" in dreifacher Hinsicht gekennzeichnet: erstens indem es Vorstellungen, also bewußte Erscheinungen des Seelenlebens umfaßt. Es ist also nicht an sich bewußt, sondern es erscheint im Bewußten. Dazu gehört aber, um dieses „Ich" von irgendeiner anderen Vorstellungsballung zu unterscheiden, zweitens die Kontinuität, das heißt das Gleichbleiben im Verlaufe der Zeit, und drittens die Identität mit sich selber. Durch diese drei Determinanten ist das Wesen des „Ich" als psychologischer Begriff umschrieben. Allerdings vermißt man dabei die Beziehung auf das Ich-Gefühl oder Ich-Erlebnis. Dieses aber ist ja sicherlich das eigentlich Charakteristische und zwar in dem Sinne, daß wir unseres „Ich" bewußt sein können und bewußt sein müssen. Wir fügen einschränkend hinzu, daß wir unser „Ich" immer nur in einer ganz bestimmten Besonderheit zu erleben vermögen: als Handeln, als Leiden, als Denken, als Fühlen und so weiter, und immer nur in solcher Art, niemals schlechthin als „Ich". Grob gesagt wird mir mein „Ich" etwa bewußt, wenn ich Zahnschmerzen habe. (Und das hat schon der alte Wilhelm Busch erkannt.)

In der Jungschen Definition fehlt der Hinweis auf die notwendige Aktualität des „Ich".

Es wurde schon erwähnt, daß Jung das Unbewußte als schöpferische Grundlage des Bewußten versteht. Er kommt dabei zu der für ihn sehr bezeichnenden Lehre von dem komplementären Charakter des Bewußten und des Unbewußten. Was der Mensch nicht bewußt ist, das ist er unbewußt. Die Erkenntnis des Unbewußten führt daher zum Verständnis des Charakters überhaupt. Hierin stimmt Jung mit Freud und auch mit Adler durchaus überein. Dennoch aber ist seine Auffassung von dem ergänzenden Charakter des Unbewußten im Grunde genommen anders gemeint als bei Freud. Freud findet im Unbewußten einen Teil der Persönlichkeit, der für die Gesamterkenntnis unentbehrlich ist. Wer das Unbewußte nicht kenne, könne daher nur einen Teil der Seele verstehen. Jung aber lehrt, daß im Unbewußten das ergänzende Gegenteil des Bewußten liegt. Er nennt es den „Schatten". Es umfaßt alle Fähigkeiten, Interessen und Tendenzen im latenten Zustand, und daher in einem wesentlich bedeutsameren Sinn als dies Freud annimmt. Jung geht so weit, daß gerade aus diesem Gegensatz und durch ihn die Persönlichkeit erfaßt werden kann.

Diese Lehre, daß also das Unbewußte den Charakter bestimme, ist von manchen, im übrigen von Jung durchaus unabhängig arbeitenden Psychologen verwendet worden. So beruht die „Triebdiagnostik" von Szondi und sein bekanntes Testverfahren ebenfalls auf der Ansicht, daß die nach außen hin nicht erkennbaren „genotypischen" Faktoren wichtiger als die sichtbaren „phänotypischen" Eigenschaften sind. Sein Testverfahren sucht eben diese unbewußten genotypischen Tendenzen erkennbar zu machen.

(Auch der weniger bekannte Psychologe Manfred Curry geht von einer ähnlichen Voraussetzung aus und hat darauf seine Methode der Typenerkenntnis aufgebaut.)

Man erkennt schon in dieser besonderen Auffassung und Betonung des Unbewußten, wie energetisch Jungs Lehre ist. Denn nur wenn das Seelenleben im allgemeinen und das Unbewußte im besonderen als Energie aufgefaßt wird, als psychische Energie oder als Lebensenergie, kann eine solche Wirkung und Bedeutung verstanden werden.

Jung unterteilt das Unbewußte in ein persönliches und in ein kollektives Unbewußtes. Das persönliche Unbewußte enthält nicht nur alles Verdrängte und Vergessene, sondern, diese Freudsche Auffassung erweiternd, auch die noch nicht bewußtseinsfähigen Inhalte, die deshalb noch nicht bewußt sein können, weil sich noch keine Assoziationen und Beziehungsbrücken zwischen ihnen und Bewußtseinsinhalten finden. Diese sozusagen noch isolierten, daher dem Bewußtsein entzogenen Sachverhalte streben nach Bewußtseinsfähigkeit und erweisen hierin wiederum den energetischen Charakter des Unbewußten.

Dieses Streben gehört in den allgemeinen Sachverhalt des Strebens nach „Selbstverwirklichung". Und dieses Ziel des Strebens der seelischen Energie bezeichnet Jung als „Individuation". Wir finden in diesem Gedanken eine deutliche Verwandtschaft zu dem Adlerschen Gedanken der Finalität und der Leitidee.

Das „kollektive Unbewußte" im besonderen ist für Jungs Lehre charakteristisch und unterscheidend. Darunter versteht Jung jene Inhalte des Unbewußten, „die nicht auf persönlichen Akquisitionen, sondern aus der ererbten Möglichkeit des psychischen Funktionierens überhaupt, nämlich aus der ererbten Hirnstruktur stammen". Das sind „die mythologischen Zusammenhänge, die Motive und Bilder, die jederzeit und überall ohne historische Tradition oder Migration neu entstehen können". Diese Definition deckt sich im Wesen, soweit sie die ererbte Hirnstruktur betrifft, ungefähr mit dem Sachverhalt des „Es" nach Freud. Aber Jung meint mehr als das. Er sagt an anderer Stelle: „Das kollektive Unbewußte ist die gewaltige geistige Erbmasse der Menschheitsentwicklung, wiedergeboren in jeder individuellen Hirnstruktur" („Seelenprobleme"). „In dem kollektiven Unbewußten" – sagt er weiter – „ist die Entwicklung des Menschen von den ersten Anfängen des Lebens überhaupt bis zu seiner heutigen Gestaltung aufgezeichnet. Die Psyche des neugeborenen Kindes ist keine tabula rasa, sondern in ihr sind bereits die Inhaltsmöglichkeiten durch die vererbte und präformierte funktionelle Disposition a priori gegeben."

In gewissem Sinne ist diese Lehre die psychologische Parallele zu der von dem Naturwissenschaftler und Entwicklungstheoretiker Ernst Haeckel aufgestellten Theorie, daß sich in jedem Einzelleben die in der Stammesgeschichte durchlaufenen Stadien wiederholen („Biogenetisches Grundgesetz"). Daher zeige etwa der menschliche Embryo in einem frühen Entwicklungsstadium Kiemen, wie dies der phylogenetischen Ahnenreihe des Menschen entspricht.

Auch Freud hat Ähnliches gelehrt, so vor allem in seiner Theorie des Vaterkomplexes in „Totem und Tabu". Man versteht, welch weittragende und wahrhaft weltumspannende Bedeutung diese Lehre vom kollektiven Unbewußten in sich trägt.

Besonders klar wird dies in der Einführung des Begriffes der „Archetypen" in die Jungsche Psychologie. Es lohnt sich aus vielen Gründen, diesen Begriff und seine Definition und Anwendung durch Jung und seine Schule näher zu betrachten.

„Es gibt" – sagt Jung („Psychologie des Unbewußten", S. 119) – „in jedem einzelnen, außer den persönlichen Reminiszenzen, die großen ‚urtümlichen' Bilder, wie sie Jacob Burckhardt einmal passend bezeichnet, d. h. die vererbten Möglichkeiten menschlichen Vorstellens. ... Die Tatsache dieser Vererbung erklärt das eigentlich sonderbare Phänomen, daß gewisse Sagenstoffe und Motive auf der ganzen Erde in identischen Formen sich wiederholen. Sie erklärt ferner, wieso z. B. unsere Geisteskranken genau die gleichen Bilder und Zusammenhänge reproduzieren können, wie wir sie aus alten Texten kennen. ... Damit behaupte ich keineswegs die *Vererbung von Vorstellungen,* sondern nur der *Möglichkeit des Vorstellens,* was ein beträchtlicher Unterschied ist." (Die Hervorhebungen stammen aus Jungs Originaltext.)

Sehen wir davon ab, daß Jung hier unter „Vorstellung" nicht das versteht, was die Psychologie im allgemeinen darunter meint. Jung begreift unter „Vorstellung" weit mehr als nur „anschauliches Erleben", nämlich auch Gedanken, Begriffe, Ideen usw.

Davon abgesehen, kann gegen diese Begriffsabgrenzung kein wirklicher Einwand erhoben werden. Die „vererbte" – vielleicht sollte man besser sagen „artgemäße" – Möglichkeit von „Vorstellungen" (in diesem erweiterten Sinn) ist gewiß eine Eigenschaft und zugleich eine kennzeichnende Eigenschaft des Menschen überhaupt, die er als Individuum mitbringt und die er, soweit es durch die sozialen, kulturellen Milieuumstände zugelassen wird, realisieren kann.

Dieser Gedanke einer allmenschlichen Disposition zur Bildung gewisser „Vorstellungen" ist alt. Er beschäftigte die Ethnologie, die Wissenschaft der Völkerkunde, deren sich Jung neben der Mythologie usw. namentlich bei der Ausführung seiner Lehre von den Archetypen und bei deren Deutung vorwiegend bedient, schon sehr lange. Jahrzehnte vor dem Auftreten Jungs stellten Bastian, Ratzel und andere das gegensätzliche Begriffspaar „Elementargedanke" gegen „Völkergedanke" auf. Der Lehre, daß jedes Kulturgut als „Völkergedanke" im Schoße der gleichen Volksgemeinschaft entstanden sei, wurde die Lehre vom „Elementargedanken" entgegengehalten. Es wurden immer wieder geistige und materielle Kulturgüter entdeckt, die in gleicher oder ähnlicher Form und Verwendung in den verschiedensten Teilen der bewohnten Erde, in verschiedenen Kulturepochen, vorhanden sind. Diese Tatsachen nötigen zur Untersuchung, ob solche Erscheinungen einer ursprünglichen, allmenschlichen „elementaren" Disposition am Orte ihres Vorhandenseins entsprungen seien oder ob sie als Eigentum einer anderen Menschengruppe, als „Völkergedanke" durch Wanderung und Handel usw. übertragen, importiert, übernommen worden seien.

Eines der bekanntesten Beispiele, mit dem sich die ethnologische Untersuchung eingehend beschäftigt hat, ist etwa das Vorkommen des sogenannten „Schwirrholzes", eines länglichen flachen Holzstückes, das, an einer Schnur rasch geschwungen, einen summenden Ton erzeugt und in Europa auch vielfach als Kinderspielzeug vorkommt („Waldteufel").

Solche Schwirrhölzer finden sich in verschiedenen Teilen der Erde, unter verschiedenen kulturellen und sozialen Umständen und in dennoch ähnlichen Verwendungen. So kennt man sie im Malayischen Archipel als Kinderspielzeug. In West-Neuguinea werden sie bei Beschneidungsfeiern und bei Männerversammlungen als Warnungsinstrument gegen Frauen und Kinder benutzt, denen der Zutritt zu solchen Zusammenkünften bei schweren Strafen verboten ist. Ähnlich benutzen sie die

Australier bei gewissen Weihezeremonien. In Neuseeland dienen sie zum Wetterzauber. In diesem zwar sehr weiten, aber immerhin umgrenzten Gebiet des Pazifik läßt sich kaum mit einiger Sicherheit entscheiden, ob das Schwirrholz einheitlich entstanden oder innerhalb des Gebietes übertragen worden sei. Freilich fehlt es ganz in Ozeanien, und es gibt dafür keine Erklärung. Aber außerhalb des Pazifik-Raumes findet sich dasselbe Schwirrholz in Südafrika, als Gerät zum Wetterzauber. Vielleicht ist er dorthin über den Indischen Ozean gebracht worden, obgleich eine solche Erklärung auf sehr große Schwierigkeiten stoßen muß. Aber ganz unmöglich wird die Annahme eines Exportes aus dem Pazifik für Westafrika (Yoruba), wo die Eingeborenen das Schwirrholz zum Verscheuchen der Frauen und der Kinder bei ihren Geheimbünden verwenden, und gar erst in Südamerika, wo es die Bororo-Indianer (Brasilien) zum gleichen Zweck bei Totenfeiern, die Bakairi-Indianer (Xingu-Quellgebiet in Brasilien) zum Wetterzauber benutzen. Auch in Nordamerika finden wir das Schwirrholz bei manchen Indianern zum Wetterzauber verwendet, während es die amerikanischen Eskimos als Kinderspielzeug haben (*Schurtz*, „Urgeschichte der Kultur", S. 527).

Man wird also das Schwirrholz nicht ohne Vergewaltigung von Tatsachen geographischer Natur auf Übertragung zurückführen können. Vielmehr wird man eher annehmen müssen, daß es an den verschiedenen weit auseinanderliegenden Stellen seines Vorkommens zumindest vorwiegend autochthon entstanden sein dürfte. Es ist offenbar ein „Elementargedanke", was keinesfalls verhindern muß, daß es gleichwohl zudem in manchen benachbarten Gebieten übertragen worden sein kann. Elementar entstanden heißt: auf Grund einer allmenschlichen allgemeinen artgemäßen Möglichkeit gebildet. Den Bakairi in Brasilien lag von selbst dieses kleine summende Gerät gewissermaßen ebenso nahe wie den Neuseeländern. Es lag dort wie da sozusagen in der Luft, oder – wenn man es vorzieht, dies anders auszudrücken – in der menschlichen Art.

Nehmen wir ein anderes, weniger fernliegendes Beispiel. Überall, wo oder wann Menschen Augengläser, Brillen verwenden und nicht das einfachere Monokel wählen, das vor ein Auge gehalten oder dort durch den Orbitalmuskel festgeklemmt wird, wird die Form der binokularen Brille oder Lorgnette gestaltet. Diese muß dem gegebenen anatomischen Sachverhalt entsprechen, daß die beiden Augen zu beiden Seiten einer vorspringenden Nase liegen, daß also die Augengläser symmetrisch angeordnet sein müssen und auf der Nase aufliegen, wo sich eine Brücke zwischen den eigentlichen Augenteilen befindet. Zur Fixierung der Brille wird sich immer die Befestigung an den Ohren anbieten. So finden wir die Brille in ihrer wesentlichen Gestalt überall gleich geformt, z. B. auch bei den Eskimos, die Sonnenbrillen mit durchlochten Augenplatten benutzen. Hier ist es wohl ganz klar, daß diese Form der Brille, mit Nasenbügel und Haltevorrichtung an den Ohren, gar nicht anders als eben gerade so sein muß, wie sie ist. Hier kann man nur mit einer gewissen Überwindung von „Gedanken" sprechen. Denn die Brille kann in einem Gesicht mit Nase und beiderseits liegenden Augen und Ohren gar nicht anders sein. Ein nasenloses Affengesicht oder ein Vogel mit seitlich gerichteten Augen ohne Ohren müßte, wenn das Brillenproblem an ihn gestellt würde, eine andere Lösung fordern. Die menschliche Brille ist die artgemäße Lösung des Problems.

Soweit also kann man der Jungschen Definition des Archetypus, wie sie oben zitiert wurde, durchaus zustimmen. Man kann sie auch anders ausdrücken, etwa so: Der Mensch hat eine art-spezifische, menschliche Weise der Apperzeption und der Reaktion. Ihr entspricht eine spezifische menschliche Relation zwischen Reiz und Reaktion, zwischen stimulus und response. Diese response-Eigentümlichkeit ist arteigentümlich und daher innerhalb der Art vererbt, seit die Art Mensch irgendeinmal mutativ entstand und solange sie ohne mutative Änderungen bestehen wird.

Soweit Jung dabei, wie er vorwiegend tut, an die Vorstellungen denkt, die in Mythen, Märchen, Sagen, Legenden eine Rolle spielen, wäre hierzu allerdings auch noch die Frage zu klären, inwieweit die im individuellen Leben erscheinenden Entsprechungsformen nicht etwa individuell, durch „Milieu-Suggestion" erworben sein könnten (vgl. Jung, „Symbole der Wandlung", S. 259). Denn jeder einzelne Mensch hat Märchen, Sagen, Legenden erzählen hören, hat sie in früher Jugend und Kindheit vernommen, gelesen und mit jener heftigen und dauernd wirkenden emotionellen Betonung in sich aufgenommen, die der Kindheit gemäß ist. Ob die Vorstellung eines „Dämons", der „bösen Stiefmutter" usw. im Einzelfall aus einer frühkindheitlich vernommenen Märchenerzählung stammt, wird freilich kaum je streng bewiesen werden können. Ebensowenig aber wird die gegenteilige Behauptung, diese Vorstellung sei phylogenetisch entstanden, und daher archetypisch, im allgemeinen beweisbar sein. In den einzelnen Fällen, die besonders abwegig sind (wie z. B. der weiter unten noch besprochene Fall in Jung: „Symbole der Wandlung", S. 169, 260) und wo man mit Sicherheit ausschließen kann, daß der betreffende Mensch sein Traum- oder Wahnsymbol in seinem Leben direkt kennengelernt haben kann, daß er also nicht individuelle Reminiszenzen reproduziert, in diesen Fällen also wird man eine zunächst einfachere und überzeugende Erklärung eben in der artgemäßen Reaktionsmöglichkeit an sich finden können. Man wird nicht wirklich objektiv genötigt sein, etwa die Erklärung für die seltsame Wahnidee eines Geisteskranken unserer Zeit in einem irgendwo vorkommenden, ebenso seltsamen mythologisch analogen Faktum zu suchen, also eine unmittelbare Beziehung zwischen diesen beiden Gestalten herzustellen. Natürlich bleibt es unbenommen, und kann heuristisch fruchtbar sein, diese Analogie heranzuziehen. Aber Analogie bedeutet nicht Identität und ist nur eine Behelfshypothese. Zudem wird man dabei immer bedenken müssen, worauf wir später noch zurückkommen werden, daß in dem unübersehbar reichhaltigen, vielgestaltigen Motivenschatz der Mythologie der ganzen Erde für alles und für jedes irgendein ähnliches Faktum aufgefunden werden kann, daß es aber noch mehr unzählige abweichende, widersprechende Fakten gibt, die bei objektiv-wissenschaftlicher Betrachtungsweise doch auch berücksichtigt werden müssen.

Nun bleibt aber Jungs Denken und das seiner Anhänger bei dieser einfachen Erklärung durch „vererbte Möglichkeit des ‚Vorstellens'" nicht stehen.

Unmittelbar nachdem zum Beispiel Jung an der angegebenen Stelle „Über Psychologie des Unbewußten" (S. 119) den Begriff solcherart abgegrenzt und dabei besonders betont hat, daß die „vererbte Möglichkeit von Vorstellungen" beträchtlich unterschieden sei von der „Vererbung von Vorstellungen" und daß er dieses letztere keineswegs behaupte, erklärt er auf S. 120 im gleichen Werk: „Diese urtümlichen Bilder sind die ältesten und allgemeinsten Vorstellungsformen der Menschheit. Sie sind ebensowohl Gefühl als Gedanke; ja, sie haben sogar etwas wie ein eigenes selbständiges Leben, etwa wie das von Partialseelen..."

Hier wird also genau das als Definition gegeben, was kaum eine Seite früher mit Recht als etwas beträchtlich Verschiedenes und keineswegs durch die Definition Behauptetes erklärt wurde! Hinzugefügt wird (auf S. 120): „... was wir leicht in jenen philosophischen oder gnostischen Systemen sehen können, die sich auf die Wahrnehmung des Unbewußten als Erkenntnisquelle stützen. Die Vorstellung von Engeln, Erzengeln, der ‚Throne und Herrschaften' bei Paulus, der Archonten der Gnostiker, der himmlischen Hierarchie des Dionysius Areopagita usw. stammt aus der Wahrnehmung der relativen Selbständigkeit der Archetypen."

Nun sind solche „philosophischen oder gnostischen" Systeme keineswegs „leicht" zugänglich. Und wenn sie dies auch wären oder sogar sind, so sind sie keineswegs leicht verständlich, sondern vielmehr ausgesprochen leicht unverständlich und mißverständlich, weil sie subjektiv und mystisch sind, also nicht auf der rationalen Ebene der Produktion und der Mitteilung liegen. Man kann es daher ganz gewiß nicht als Beweis für den Bestand einer „Urtümlichkeit", also einer allgemeinmenschlichen Qualität eines Bildes ansehen, geschweige denn als Beweis für die unendlich komplizierte und durchaus besondere (keineswegs allgemeine) Auffassung einer Selbständigkeit solcher Bilder als Teilseele auffassen, daß irgendwann und irgendwo einmal ein ähnlich wie Jung denkender und argumentierender Mystiker ähnliche Gedanken gehabt hat. Vorausgesetzt natürlich zudem, daß er überhaupt so gedacht hat und von Jung nicht etwa mißverstanden wurde, was erst noch zu beweisen wäre. Höchstens könnte aus einer solchen Denkanalogie, wenn sie wirklich und unzweideutig besteht, gefolgert werden, daß eine ähnliche Denkweise ähnliche Denkergebnisse produzieren könne.

Im übrigen muß ganz besonders hervorgehoben und wiederholt werden, daß Jung hier seine klare, ausdrücklich begrenzte Definition unvermittelt verändert und so erweitert, daß ihr Inhalt zu etwas vom Ursprünglichen Verschiedenen wird.

Denn nach dieser zweiten Definition sind die Archetypen als die urtümlichen Bilder, als die ältesten und allgemeinsten Vorstellungsformen erklärt. Sie sind nicht mehr nur das Ergebnis vererbter „Vorstellungs"-Möglichkeiten, sondern feststehende, gegebene, fertige, und zudem selbständig wirkende Vorstellungs-, Gefühls- und Gedankenformen! Mehr noch: „Sie besitzen etwas wie ein eigenes selbständiges Leben." Sie sind also eigene abgeschlossene Wesenheiten, feste Bestandteile der Seele überhaupt, sind Teilseelen.

Übrigens greift Jung wiederum wenige Seiten später (S. 126 des zitierten Buches) wieder, wenigstens scheinbar, auf die ursprüngliche, inzwischen freilich gänzlich veränderte Definition zurück und sagt dort: „Der Archetypus ist eine Art der Bereitschaft, immer wieder dieselben oder ähnliche mythische Vorstellungen zu reproduzieren." „Bereitschaft" ist zwar nicht ganz das gleiche wie „Möglichkeit", aber das an sich müßte noch nicht bedenklich sein. Allerdings enthält diese neue Umschreibung eine sehr wesentliche Veränderung des ersten Inhaltes: es wird nämlich durch das kleine Präfix „re" in „re-produzieren" nun doch die ursprüngliche sachliche „Möglichkeit", Fähigkeit zu bestimmten Vorstellungsbildungen zu einer Bereitschaft, bestimmte Vorstellungen, die schon vorhanden sind und bereit liegen, aus ihrer Latenz hervorzurufen. Nicht also immer wieder original neue Vorstellungsbilder nach einer allgemein verbreiteten Fähigkeit zu schaffen, sondern reproduktiv allgemein vorhandene, feste Vorstellungen aus dem Unbewußten (offenbar) hinzustellen, das wäre das Wesen des „Archetypus". Man versteht leicht, daß eben dies etwas anderes ist als das, was auf S. 119 betont und beschränkt gesagt wurde.

Aber damit ist die definitorische Arbeit noch keineswegs beendet. Jung sagt weiter (S. 126, l. c.): „Man könnte annehmen, daß die Archetypen die vielmals wiederholten Einprägungen von subjektiven Reaktionen seien. ... Die Archetypen sind, wie es scheint, nicht nur Einprägungen immer wiederholter Erfahrungen, sondern zugleich verhalten sie sich empirisch wie Kräfte oder Tendenzen zur Wiederholung derselben."

Jung nimmt also die „urtümlichen Bilder" auch als das Ergebnis von „vielmals wiederholten Einprägungen von subjektiven Reaktionen" an. Diese Einprägungen sind natürlich in der Ahnenreihe, stammesgeschichtlich, erfolgt und wiederholt.

Das hieße, ins Biologische übersetzt, daß wiederholte Reaktionen phylogenetisch Spuren hinterlassen und sich auf die Nachkommen vererben.

Jung nimmt also als selbstverständlich an, daß erworbene Eigenschaften schlechthin vererblich sind. Die Vererbungswissenschaft beschäftigt sich, seit sie besteht, mit dieser Hauptfrage. Nach dem heutigen Stande der biologischen Wissenschaft wird, mit Ausnahme der durch Lysenko vertretenen sowjetischen Biologie, die Möglichkeit, daß erworbene Eigenschaften an sich vererblich seien, verneint. „Eine erbliche Änderung eines Lebewesens kann nur durch eine entsprechende Gen-Änderung zustandekommen. ... Dann aber müßten Außenreize in den winzigen Chromosomen einer winzigen Keimzelle Mutationen hervorrufen, die ausgerechnet die äußerlich erworbene Eigenschaft bestimmen würden ... in keinem Falle aber ist eindeutig der Beweis für eine erbliche Anpassung erbracht worden" (*Fritz Niggli*: „Vererbung bei Mensch und Tier", 1948, S. 276 f.).

Nach Jungs Meinung müßte sich, entgegen den Resultaten der modernen Biologie, eine „subjektive Reaktion" eines Individuums einer längst verstorbenen Ahnengeneration auf seine Nachkommen vererbt haben. Um so einen Archetypus zu erzeugen, müßte dieses Ahnen-Individuum der Stammvater aller Menschen sein. Denn Archetypen sind ja allmenschlich. Biologisch müßte dann angenommen und natürlich bewiesen werden, daß diese subjektive Reaktion eine bestimmte Veränderung der Keimzellen dieses Erfinder-Ahnen verursacht habe, solcherart, daß dadurch die Reaktion vererbt werden könnte.

Man frage sich, welche Veränderung der Keimzelle zum Beispiel bei jenem Ahnenmenschen vor sich gegangen sein müßte, der zum ersten Male das Schwirrholz benutzte, um diese Form und deren Benutzung zur „vererblichen Reaktion" zu gestalten.

Hier muß bemerkt werden, daß sich Jung gelegentlich auf „Engramme" in der Hirnsubstanz beruft, in denen die physiologischen Grundlagen der Archetypen erblickt werden müssen. Solche Engramme hat seinerzeit auch Richard *Semon* („Die Mneme als erhaltendes Prinzip"), einer der Vorkämpfer für die Vererblichkeit erworbener Eigenschaften, postuliert. Niemand aber konnte sie bisher tatsächlich auffinden und ihren Bestand nachweisen. Sie sind eine Hilfshypothese und daher an sich kein Beweismittel.

Der dem Jung-Kreis sehr nahestehende Basler Biologe Adolf *Portmann* hat wiederholt vor der Annahme der Erblichkeit von solchen psychischen Strukturen eindringlich gewarnt.

„Man muß" — sagt er in seinem Aufsatz „Das Problem der Urbilder in biologischer Sicht" (Eranos Jahrbuch XVIII, S. 427) — „im Felde der Psychologie mit der Annahme der Erblichkeit der erschlossenen psychischen Strukturen äußerst vorsichtig umgehen. Der Nachweis des Wirkens von ‚Urbildern' ist ja fast immer an ein so spätes Alter gebunden, daß wir unmöglich die Fülle der vorangegangenen unbewußten Einflüsse auf den werdenden Seelenschatz richtig taxieren können. ... Wer dem Lebensabschnitt (der ersten 4 bis 5 menschlichen Jahre) seine größte Aufmerksamkeit zuwendet, der wird der ‚Prägung', der allmählichen oder auch einmalig-plötzlichen Festlegung von anfangs weit offenen Strukturanlagen einen sehr großen Anteil zubilligen ... Darum möchte ich anregen, die Frage der Erblichkeit in den Versuchen zur Darstellung der ‚Archetypen' zurückzudrängen und rein deskriptive Formulierungen den genetischen vorzuziehen."

Und im Eranos-Jahrbuch, XVII. S. 512 („Mythisches in der Naturforschung") schreibt *Portmann*: „Wer sich mit der Frage nach der Herkunft der psychischen Strukturen befaßt, muß um die Problematik der Vererbungsideen wissen; er muß wissen, daß von der Biologie her die allergrößten Bedenken gegen jede Art lamarckistischer Annahmen des Erblichwerdens von geistig Erschaffenem bestehen. Die bedenkenlose Annahme solcher Vorgänge führt zu Kurzschlüssen, die Lösungen vortäuschen, wo noch immer schwer zu beantwortende Fragen vor uns sind."

Jung fügt seiner, wie wir nun sehen, unhaltbaren Behauptung, Archetypen seien „vielmals wiederholte Einprägungen von subjektiven Reaktionen" als Stütze und Erweiterung die weitere Behauptung und begriffsbildende Ergänzung hinzu, daß die Archetypen sich „zugleich auch empirisch wie Kräfte oder Tendenzen zur Wiederholung (der Reaktionen) verhalten".

Hier wird den Archetypen, ähnlich wie schon auf S. 120, eine „eigene Kraft und Tendenz" zugeschrieben, nun schon in bestimmterer Affirmation als noch auf S. 120, wo nur gesagt wird, sie hätten „etwas wie ein eigenes selbständiges Leben", welche Behauptung dort bewiesen wurde durch den Hinweis auf die gewissen philosophischen oder gnostischen Systeme.

Nunmehr wird dies schon endgültig ausgesagt und hinzugefügt, daß sich die Archetypen „empirisch" solcherart verhalten.

Die Empirie, auf die sich Jung hier beruft, kann nur die Erfahrung der Jungschen Analyse, also der Krankenbehandlung nach Jungscher, in gewisser Hinsicht auch nach Freudscher Auffassung sein. Niemand wird bestreiten können, daß die Empirie der Psychoanalyse und jeder Tiefenpsychologie, die nur in der Praxis gewonnen und nicht experimentell begründet ist — was sie natürlich nicht sein kann —, nicht sachlich-objektive Gültigkeit ihrer Befunde und Schlußfolgerungen beanspruchen darf. Immer steckt in ihren Befunden und Theorien eine petitio principii. Der betreffende Therapeut deutet die ihm auftauchenden psychischen Tatbestände immer im Zusammenhang mit seiner psychologischen Gesamtauffassung. Man kann sie fast immer auch im Sinne einer anderen Auffassung verstehen und erklären und dann wären sie Beweise für diese andere Erkenntnisrichtung. So hat zum Beispiel die Tatsache, daß nach *Malinowskis* Untersuchungen im mutterrechtlichen Melanesien der „Ödipus-Komplex" eine andere Gestalt hat als in unserem vaterrechtlichen Bereich, auf der einen Seite als Beweis für Freuds Ödipus-Theorie „empirisch" dienen müssen, aber ebenso für die Fromm-Richtung als Gegenbeweis gegen Freud (vgl. C. *Thompson:* „Die Psychoanalyse", 1952, S. 50). Man wird ganz allgemein psychologische Befunde, auch wenn sie noch so oft empirisch wiederholt und bestätigt scheinen, nicht nach dem Maße der echten vollständigen Empirie (wenn es eine solche überhaupt gibt) werten dürfen, und bei solch unendlich komplizierten, undeutlichen, unklaren und wandelbaren Begriffen, wie es der „Archetypus" nach seines eigenen Entdeckers hier aufgezeigtem Vorgang ist, am allerwenigsten.

Übrigens war es ja gerade Jung, dem wir die Einsicht verdanken, daß zum Beispiel die Freudsche Psychoanalyse und die Adlersche Individualpsychologie nicht nach ihren objektiven Wahrheitswerten gewertet werden dürfen, sondern nach der subjektiv-persönlichen Grundeinstellung des sie ausübenden Psychologen.

Die Berufung auf Empirie zugunsten der Archetypen und ihrer Dynamik vermag also nicht zu überzeugen.

Nun muß man auch die Beweise betrachten, die Jung für seine Archetypen bringt. Soeben wurde die Unzulänglichkeit des einfachen Empirie-Beweises beleuchtet. Zu dem Beweisangebot Jungs, das im Hinweis auf die philosophischen oder gnostischen Systeme besteht, wurden Bedenken schon vorgebracht.

Die Grundlage und immer wieder herangezogene und stets vermehrte Materialsammlung für die Archetypen-Theorie aber wird in der Mythologie, in der Märchenliteratur der ganzen Welt, in der gnostischen Philosophie, in der Philosophie des Ostens, in der Astrologie, in der Alchemie, in der Literatur überhaupt gesucht und gefunden. Wo immer ein Traumbild oder eine Wahnidee eines heutigen Neurotikers oder Psychotikers irgendeinem im Bereich dieser unendlich ausgebreiteten Quellgebiete vorkommenden Gebilde ähnlich ist oder ähnlich scheint, wird darin der Beweis und die Rechtfertigung des Archetypus als Prinzip gesehen.

Wir betrachten ein willkürlich herausgegriffenes Beispiel, eines von unzähligen, etwas näher. Es ist Jungs Buch „Wandlungen und Symbole der Libido", das unter dem Titel „Symbole der Wandlung" als 4. Auflage 1952 erschien, entnommen.

Ein geisteskranker Zürcher Kaufmannsgehilfe hat eine Wahnidee, in der er die Sonne mit einem erigierten männlichen Glied sieht. Bewegt der Kranke den Kopf, dann schwankt dieses Membrum hin und her und es entsteht Wind (l. c., S. 169).

Diese Wahnidee war Jung, wie er berichtet, jahrelang unverständlich, bis er schließlich in einem Buch über den Mithraskult Symbole fand, und zwar „die sogenannte Röhre, den Ursprung des diensttuenden Windes". „Denn du wirst von der Sonnenscheibe wie eine herabhängende Röhre sehen" (ebenda 166). Diese herabhängende Wind-Röhre vor der Sonnenscheibe erscheint Jung als das gleiche wie die erwähnte Wahnidee seines Zürcher Patienten, und er schreibt der Röhre phallischen Charakter zu (ebenda 167). Damit erscheint ihm nun die absonderliche Wahnidee seines Geisteskranken erklärt. Das Erlebnis der Erklärung kann sich psychologisch hier nur so verstehen lassen, daß Jung diese Parallelerscheinungen im großen und ganzen als gleich ansah und darin einen Archetypus zu erkennen vermeinte.

Es erscheint vom unvoreingenommenen Standpunkt aus unzulässig. irgendwo und irgendwie eine ähnliche Erscheinung, ohne jede Bedachtnahme auf ihren eigenen, besonderen Inhalt, auf die ihr zugeordnete Geistesart und Kulturumgebung herauszugreifen, ihre Identität mit einer anderen Erscheinung eines anderen Milieus ohne weiteres anzunehmen und solcherart eine „Erklärung" zu finden.

Gerade die von Jung und seinen Schülern in emsiger Arbeit und bewundernswerter Nachhaltigkeit unermeßlich herbeigetragenen Materialien machen es, wie schon angedeutet wurde, unwahrscheinlich, daß bei genügendem Suchen und bei einiger Großzügigkeit der Beurteilung nicht alles, aber auch wirklich alles, was sich an psychischen Vorstellungen finden und denken läßt, schon irgendwo und irgendwie vorgekommen wäre. Inwieweit die Ähnlichkeit der zusammengeführten Sachverhalte nur eine äußerliche ist, also eine „zufällige", wird ja kaum jemals untersucht, obgleich dies entscheidend wäre. Andrerseits wird alles, was an Widersprüchlichkeit und Unähnlichkeit in dem Material gefunden wird, gänzlich unbeachtet gelassen.

Paul *Schilder* hat daher ganz gewiß recht, wenn er das Bedenken ausspricht: „Since folklore and myths offer an almost unlimited number of pictures, it is almost arbitrary which one is chosen for the interpretation of the individual experience in question" („Psychotherapy", p. 193).

Der Bereich aber, aus dem die Beweise der Archetypen genommen werden, beschränkt sich keineswegs auf das ohnedies nicht übersehbare Gebiet der kollektiven Geisteswelt, also der Mythologie usw. Vielmehr wird auch dann, wenn irgendeine Figur, ein Bild, ein Symbol sich einmal zum Beispiel in einem Werk eines Dichters findet, darin uneingeschränkt dessen kollektive archetypische Natur für bewiesen erachtet. Daß der „Schatten" bei Chamisso, bei Hermann Hesse dichterisch behandelt wird, wird nicht etwa als individuelle schöpferische Tat des Dichters angesehen, sondern als Kollektives, nicht als hoch- oder höchstgesteigertes Individuelles, sondern als Arteigenes, Außerindividuelles. Dabei wird nicht nachgeprüft, wieso der Dichter zu diesem Symbol gekommen ist, ob vielleicht individuelle Erlebnisse seines Einzellebens dabei eine Rolle gespielt haben. Die Ähnlichkeit genügt vielmehr, um die Natur des Archetypischen darin zu finden, und die „Empirie" des Archetypus um ein weiteres Erfahrungsobjekt zu erweitern.

Man könnte jedoch mit der einfacheren und ursprünglich auch von Jung gelehrten Annahme einer „vererbten Möglichkeit von Vorstellungen" weit befriedigender zum Verständnis dieser Tatsachen kommen. Daß solche Vorstellungen, die ja nicht in sich fixiert und absolut sind, durch das jeweilige kulturelle, soziale und sonstige Milieu entscheidend geformt werden, ist gewiß. Ja, die Wirkung des Milieus ist sogar die entscheidende. Jung selbst spricht gelegentlich von der Milieu-Suggestion und sagt, daß, falls diese nicht besteht, die „Kollektivwirkung des Bildes gering, bzw. überhaupt null ist" („Symbole der Wandlung", S. 259).

Wir geben noch ein weiteres, einfacheres Beispiel: In „Symbole der Wandlung", S. 306, wird unter Figur 103 ein amerikanischer Indianer mit einem fächerförmigen Adlerfedern-Kopfschmuck abgebildet. Dazu sagt der Text: „Der Kopfschmuck aus Adlerfedern hat magische Bedeutung. Der Indianer nimmt dadurch etwas von der sonnenhaften Art dieses Vogels an... Zugleich ist die Federkrone gleichbedeutend mit der Strahlenkrone der Sonne" (S. 306). Nun kann man in jedem beliebigen ethnologischen Buch sich belehren lassen, daß die Indianer auch schmalen, nicht fächerförmigen Kopfschmuck aus Federn tragen und daß sie keineswegs nur Adlerfedern, sondern Truthahnfedern, Eulenfedern, Stachelschweinsborsten usw. dazu verwenden. Es wird schwerfallen, diese andern gebräuchlichen Formen und Materialien mit der Sonne in Beziehung zu setzen. Man wird andere „Archetypen" finden müssen – welche, kann nicht unsere Aufgabe sein zu untersuchen. Es könnte aber die Frage entstehen, ob die an sich einleuchtende und vielleicht zutreffende Sonnen-Beziehung nicht bei Berücksichtigung jener anderen vorhandenen „participations mystiques" anders verstanden werden müßte, als wenn sie die ausschließliche oder vorwiegende wäre. Mit andern Worten: man dürfte in wissenschaftlicher Vollverantwortung über diese andersartigen, sogar vielleicht entgegengerichteten Formen nicht schlechthin hinweggehen und nur die eine von allen herausgreifen. Wie sagt Schilder? „... almost arbitrary"!

Ohne jede Schwierigkeit kann man in den Werken von Jung und seinen Schülern noch sehr viele solche Beispiele finden. Nur eines noch sei herausgegriffen, diesmal nicht aus Jungs eigenen Werken, sondern aus einer Arbeit eines seiner bedeutendsten Anhänger, Erich *Neumann*.

Im Eranos-Jahrbuch 1950 (Bd. XIX) veröffentlichte Neumann einen sehr interessanten Aufsatz „Zur Psychologie des Ritus". Darin spricht er auch von den prähistorischen Höhlenbildern, und hebt hervor, „auf welch abenteuerlich gefährlichen, oft stundenlangen Wegen die tief im Innern der Berge liegenden Höhlen erreicht werden mußten, welche dem Eiszeitmenschen als Kultorte dienten, in denen er seine magischen Tiermalereien anbrachte" (S. 71). „Der Frühmensch folgte diesem Weg ins Dunkle ... die psychische Situation der Gruppe in der unterirdischen Höhlenwelt des Berges entspricht aber dem Erfaßtsein vom Archetypus der Großen Erd- und Berg-Mutter" (ebenda, S. 72).

Man hat aber eine ganze Reihe solcher bilderhaltigen Eiszeit-Höhlen gefunden, die *nicht* tief im Berge liegen: halboffene Schutzfelsen, durchaus oberflächlich und an der Außenseite gelegen und ohne weiteres zugänglich. (*Obermayer*: „Der Mensch der Vorzeit", S. 236 ff.)

Und man hat unzweifelhafte Reste von Wandbildern auch näher am Eingang in anderen Höhlen gefunden, wo freilich durch atmosphärische Einflüsse diese Bilder sehr stark beeinträchtigt waren (ebenda).

Der Urmensch ist also nicht immer mit seinen Bildern (deren Kultcharakter übrigens nur eine Vermutung der Wissenschaft ist) so tief ins Berginnere gegangen. Und wenn er das getan hat, so mag ihn dazu doch vor allem die unmittelbare Überlegung und Erfahrung veranlaßt haben, daß er und daß seine Bilder in dem geschützten Berginnern sicherer sind als außen. Es mag zugegeben werden, daß vielleicht auch eine unbewußte Bevorzugung des Bergschoßes mitgewirkt haben mag. Man könnte diese Tendenz aber auch, ohne einen Archetypus als fertiggeformte Form annehmen zu müssen, wiederum viel einfacher aus der unmittelbaren Erfahrung mit dem Mutterschoß oder zudem vielleicht auch durch das „Körperschema" erklären.

Sicher ist aber, daß auch hier wieder nur – bei unzweifelhafter optima fide – eine Konstellation von mehreren herausgegriffen wurde und die andern nicht beachtet wurden. „Almost arbitrary!"

3. Die Lebensenergie oder „Libido"

Nach der Auffassung von Jung ist das Seelenleben eine unteilbare Gesamtheit. Wir haben schon gesehen, daß er sich in dieser Beziehung nicht von der Grundanschauung der Freudschen und der Adlerschen Lehre unterscheidet.

Auch darin stimmen alle diese Lehrmeinungen überein, daß

sie den Charakter nicht als eine statische und stabile, sondern als eine bewegte und sich verändernde Erscheinung ansehen.

Bei Jung ist diese letztere Anschauung gebunden an seine Auffassung der Grundenergie des Lebens. Jung sieht diese als die psychische Energie überhaupt an, in die der Triebbegriff, und zwar ebensowohl der sexuelle wie der anders geartete Trieb, inbegriffen ist. Hier wird also mit besonderer Betonung und Ausdrücklichkeit jede Möglichkeit ausgeschaltet, als psychische Energie, als Grundlage des psychischen Energiehaushaltes eine besondere, begrenzte Form, Richtung oder Äußerung anzunehmen. Sowohl die Sexualisierung dieser Grundidee, wie man sie (zu Unrecht) Freud nachsagt, als auch ihre „Politisierung" (wie man den Adlerschen Machttriebgedanken nennen dürfte) wird mit aller Entschiedenheit abgelehnt.

Um so merkwürdiger ist es, daß Jung für diesen Grundbegriff die Bezeichnung „Libido" von Freud übernimmt und beibehält. Nicht nur daß darin die ursprüngliche Gemeinsamkeit des Weges mit Freud zugegeben wird, ist auffällig. Dies wäre ja eigentlich nur selbstverständlich. Wichtiger aber ist wohl, daß der ursprüngliche Sinn des lateinischen Wortes *libido* ist: Begierde, Lust, Verlangen, worin ein anderer Sinn als der der Energie schlechthin gelegen ist. Der eigentliche Sinn des Wortes Libido entspricht an sich weit eher der Freudschen Begriffsfassung als der Jungschen. Ohne daß daraus allzu weit gehende Schlüsse gezogen werden sollen, muß doch diese terminologische Entscheidung als eine Symptomhandlung gewertet werden, so also, daß auch für Jung die Grundenergie seines psychischen Systems der Sexualität im Wesen näher steht, als es seiner Definition entspräche.

Der Begriff der Libido entspricht im übrigen durchaus dem der physikalischen Energie. Beides sind Abstraktionen und keine realen Sachverhalte. „Die Energie ist eigentlich ein Begriff, der objektiv in der Erscheinung an sich nicht vorhanden, sondern immer nur in der spezifischen Erfahrungsgrundlage gegeben ist; das heißt, in der Erfahrung ist die Energie immer spezifisch als Bewegung und Kraft, wenn aktuell – als Lage oder Kondition, wenn potentiell."

Die psychische Energie realisiert sich im Trieb, Wünschen, Wollen, Affekt, Handeln usw. Ist sie nicht aktualisiert, sondern nur potentiell da, dann spricht man etwa von besonderen Möglichkeiten, Bereitschaften, Dispositionen, Einstellungen.

Es gehört zu dieser energetischen Auffassung, die an sich und im Grunde von der Freuds nicht grundsätzlich verschieden ist, daß Jung den der Physik zugehörigen Grundsatz der Äquivalenz auf die Psyche anwendet. Das heißt, die Gesamtmenge der Energie in dem psychischen Totalsystem ist konstant. Nur ihre Verteilung ist variabel. „Kein seelischer Wert kann verschwinden, ohne durch ein Äquivalent ersetzt zu werden" („Seelenprobleme").

Die Energie kann sich also verlagern, indem sie aus dem Unbewußten ins Bewußte oder umgekehrt teilweise abfließt. Aus dem Zustrom der Energie aus dem Bewußten ins Unbewußte kann die Intensivierung der Inhalte des Unbewußten entstehen. Und daraus jene Störungen, die als Neurosen oder Psychosen bezeichnet werden.

Mit der energetischen Grundauffassung hängt zusammen die Lehre vom komplementären Charakter des Bewußten und Unbewußten, von dem schon gesprochen wurde.

Als besonders wichtige energetische Phänomene des Seelenlebens erscheinen nach der Lehre von Jung die Progression und die Regression. Die „progressive Bewegung" besteht in einem fortdauernden „Weiterschreiten des psychologischen Anpassungsprozesses an die bewußten Lebensforderungen", der „fortdauernden Befriedigung der Anforderung der Umweltsbedingungen" (Energetik). Es ist eine bewußte Erscheinung.

Ihr Gegensatz ist die Regression, die rückläufige Bewegung der Libido, der Durchbruch jener Kräfte, „welche hinsichtlich der Anpassung nicht in Betracht kommen und deshalb selten oder nie zu bewußter Verwendung gelangen". Das sind also die Kräfte und Inhalte des Unbewußten, das, was Freud „Verdrängungen" nennt und was die neurotischen Konflikte verursacht. Jedoch ist Regression nicht nur ein Störungssystem, vielmehr ist sie zugleich auch ein Weg, die Psyche zu erweitern und das Gleichgewicht herzustellen. Sie bereichert das Bewußtsein und kann somit auf solchem Wege die Progression wieder stärken.

4. Die „Persona"

Das uralte Problem, das um die Begegnung und die Beziehung zwischen „Ich" und „Du" besteht, hat bei Jung eine sehr interessante und eindrucksvolle Formulierung erfahren durch die Schaffung seines Begriffes der „Persona".

Wie so oft, greift Jung in seiner Terminologie auf uralte „archetypische" Sachverhalte zurück. Das Wort persona gehört dem Begriffsinventar des antiken Theaters an, in dem die Schauspieler Masken trugen, durch deren Mundöffnung ein verborgener Schalltrichter die Stimme für das weite Amphitheater vernehmbar machte. Per-sonare heißt eigentlich hindurchtönen. Persona hat den Sinn der Maske, der Rolle, aber auch schließlich der Persönlichkeit angenommen. (Es gibt auch andere etymologische Ableitungsversuche.)

„Persona" nennt Jung jene Erscheinungsform des „Ich", in der das Ich nach außen hin auftritt, erscheint und sichtbar wird. Es ist „ein kompliziertes Beziehungssystem zwischen dem individuellen Bewußtsein und der Sozietät" („Beziehungen").

Obgleich „Persona" dem Grundsinn nach „Maske" bedeutet, ist der psychologische Sinn der Jungschen Persona doch nicht der einer Maske oder zumindest nicht allgemein und nicht in erster Linie. Wohl kann sich dahinter manchmal das eigentliche Individuum oder „Ich" verbergen, wie hinter einer Maske. Doch nicht so sehr das Verbergen wie im Gegenteil das Anpassen an die Außenwelt ist die Funktion der „Persona". So ist ja auch die Maske des antiken Schauspielers nicht so sehr um des Verbergens, als um des Anpassens an die Notwendigkeiten des Schauspieles willen da.

In der „Persona" müssen wir die Schicht sehen, oder den Ort, wo das „Ich" mit dem „Du" zusammentrifft. Persona ist die Form, in der das „Ich" dem „Du" erscheint, zugleich aber auch die Form, in der es dem „Du" erscheinen *will*, – wobei freilich dieses Wollen nicht als ein überlegtes oder bewußtes verstanden werden darf. Hier ist wieder die innerliche Ähnlichkeit dieses Begriffes mit dem der Adlerschen „Leitidee" zu erkennen und zu betonen.

Die Persona ist die Form, in der das Individuum erscheint. Wir sagten schon, daß diese Form von beiden Seiten her, vom Ich wie vom Du beeinflußt ist. Wir können diesen schwierigen Begriff vielleicht leichter verstehen, wenn wir uns eine beinahe alltägliche Erfahrung in Erinnerung rufen. Jeder Mensch ist irgendeinem anderen Menschen gegenüber irgendwie anders als er einem zweiten, dritten oder fünften gegenüber ist. Das hängt nicht von Absicht ab und ist nicht Verstellung. Es ist eine allgemeine Erfahrungstatsache. Der junge Mann wird seinem Mädchen gegenüber anders sein als seinem Kameraden gegenüber und diesem wieder anders als dem Lehrer oder dem Vater oder einem beliebigen Fremden. Der Eindruck, den das Ich beim Du hervorruft und der an sich ein unbewußter ist, wirkt auf eine sehr merkwürdige Art vom Du wieder auf das Ich zurück und beeinflußt dessen Verhalten, also seine Erscheinungsform. Dies ist ein ganz allgemeiner Sachverhalt, ebenso allgemein und unausweichlich wie der, daß man in einer bestimmten Gemeinschaft deren bestimmte Kleidungsstücke trägt.

Bei innerlich sehr unbestimmten und labilen Charakteren, die man deshalb gerne „charakterlos" nennt, kann dieses Anpassungsphänomen sehr weit gehen. Solche Menschen können zum Beispiel in einer größeren Gesellschaft in eine unerklärliche Verwirrung und Unklarheit geraten. Daran ist aber nicht eine Befangenheit oder Scheu allein schuld. Vielmehr verwirren sich die Einflüsse der eben geschilderten Art, die von den einzelnen Angehörigen der Tischgesellschaft ausgehen, und das Ich verliert die Fähigkeit der Persona-Bildung in bestimmter Form.

Die Regel ist natürlich, daß die Persona in Anpassung an die Notwendigkeit der Außenwelt die dafür positiven Qualitäten vor den negativen bevorzugt. Letztere bleiben dann im Hintergrund, sie gehören zum „Schatten".

„Aber wer sich eine zu gute Person aufbaut, erntet dafür reizbare Laune. Bismarck hatte hysterische Weinkrämpfe, Wagner eine Korrespondenz über seidene Schlafrockbändel, Nietzsche schrieb Briefe an ein ‚Liebes Lama', Goethe führte Gespräche mit Eckermann usw.... Ich habe einmal die Bekanntschaft eines verehrungswürdigen Mannes gemacht – man könnte ihn ohne Schwierigkeit einen Heiligen nennen –, ich ging drei Tage lang um ihn herum und konnte nirgends die Unzulänglichkeit des Sterblichen an ihm entdecken. Mein Minderwertigkeitsgefühl wurde bedrohlich, und ich begann bereits ernstlich daran zu denken, mich zu bessern. Am vierten Tage konsultierte mich seine Frau.... Ich lernte daraus, daß jemand, der mit seiner Person eins wird, alles Störende durch seine Frau darstellen lassen kann, ohne daß es letztere merkt; allerdings bezahlte sie dann ihre Selbstaufopferung mit einer schweren Neurose." Man kann den hier geschilderten Tatbestand vielleicht auch so verstehen, daß das alltägliche Beisammensein eines Menschen mit zu guter Persona mit einem anderen beide Teile doch nicht davor bewahrt, die weniger positiven Kehrseiten der Persona zu erkennen, zu fühlen und darunter zu leiden.

Jeder große Mensch, Mann oder Frau, jeder Mensch, der offenbar all sein Denken und Streben in den Dienst der Allgemeinheit stellt, trägt in besonderem Maße eine solche Persona. Und es bedarf nicht nur immer des Auges des Kammerdieners oder der bedrängten Gattin oder des unbestechlichen Psychologen, um zu erkennen, daß solche Philanthropen im Grund genommen nicht nur so sind wie sie scheinen. Jedoch bestärkt auch diese an sich wenig erfreuliche Beobachtung die Überzeugung, daß die Persona die notwendige Anpassung an die Außenwelt ist, und ferner die vielleicht etwas enttäuschende Überlegung, daß es ohne die Persona keine Anpassung und daher auch keinen wirklichen Erfolg in der Realität gibt.

5. „Projektion", „Imago", „Animus" und „Anima"

„Projektion" bedeutet „die Hinauslegung eines subjektiven Vorganges in ein Objekt". „Es sind ebensowohl peinliche Inhalte ... wie auch positive Werte", die Gegenstand der „Projektion" sein können. Der unangenehmen Inhalte entledigt sich das Ich, indem es sie auf das Du projiziert und damit das Du gewissermaßen zum Sündenbock macht, den abzulehnen das Ich nunmehr berechtigt ist. Dadurch ist die Ablehnung der eigenen bösen Inhalte vermieden.

Aber auch positive Werte des Ich können durch Projektion auf das Du verlagert werden, wenn sie nämlich dem Ich, etwa durch Selbstunterschätzung, nicht zugänglich sind.

Durch die Projektion entsteht die sogenannte „Imago", und zwar so, daß psychische Inhalte nunmehr außerhalb des Ich erscheinen. Das ist in weitem Maße im primitiven Denken der Fall und ist ungefähr das, was der französische Soziologe Lucien Levy-Brühl als „participation mystique" bezeichnet, also als die magische und nicht rationale Identifizierung von greifbarem Seiendem mit ungreifbarem Vorgestelltem. Jedoch ist diese psychologische Erscheinung keineswegs nur den primitiven Kulturstufen eigen. Sie findet sich vielmehr, und weit verbreitet, auf hohen Entwicklungsstufen. Ein Beispiel ist etwa das Verbot des Schem Meforasch, des Aussprechens des Gottesnamens bei den Juden. Die christliche Symbolik der Hostie gehört in dieses Kapitel. Nach christlichem Glauben ist der Leib

Gottes in einer Hostie enthalten, die bei gewissen rituellen Zeremonien vom Gläubigen verschluckt werden muß. Im Grunde genommen gehört auch die Gepflogenheit, Photographien oder Bilder von Führerpersönlichkeiten an die Wände zu hängen, damit also gewissermaßen den Abgebildeten selbst gegenwärtig zu haben, hierher.

Der psychologisch interessanteste Fall der „Imago" ist die Eltern-Imago, die durch das Kind gebildet wird. Nach Jung projiziert das Kind das in ihm vorhandene Hemmende auf die Eltern, und so entsteht ein „infantiles Vorurteil" gegen diese: der böse Vater oder die böse Mutter, an denen sich nicht so sehr ihre eigene Realität als vielmehr das findet, was im Unbewußten des Kindes vorhanden ist.

Auch Freud verwendet den Ausdruck „Imago" und zwar im besonderen die Eltern-Imago. Doch nimmt Freud an, daß an deren Bildung im wesentlichen die realen Eltern beteiligt sind. Die wirklichen Qualitäten der lebendigen Eltern führen zur Bildung einer „Imago", die für die psychologische und charakterologische Entwicklung des Kindes von großer Bedeutung sein kann.

Nach Jung aber enthält „Imago" nicht so sehr die wirklichen als vielmehr projizierte Qualitäten, nicht die Eigenart des lebenden Du, sondern vielmehr die unbewußte Eigenart, den „Schatten" des Ich.

Jung unterscheidet außer den Imagines noch zwei besondere Arten von Projektionsbildungen. Und an ihnen wird deutlich, daß diese eine ähnliche kompensatorische Bedeutung des Unbewußten für das Bewußte haben, wie dies für das Verhältnis des bewußten Ich und seines Schattens bereits erwähnt wurde.

Frau und Mann haben Imagines, also Projektionskomplexe je von dem entgegengesetzten Geschlecht, die Frau vom Mann, der Mann von der Frau.

Die Imago, die sich der Mann von der Frau bildet, nennt Jung „Anima". Dieses Wort ist eine von ihm neu gebildete weibliche Form des ursprünglich männlichen Wortes animus, welches in der lateinischen Sprache Seele bedeutet. Da Jung unter Seele nicht die Gesamtheit der Psyche, sondern „die Art und Weise" versteht, „wie sich einer zu seinen inneren psychischen Vorgängen verhält" („Typen"), so ist auch „Animus" und „Anima" in diesem Sinne der Seele zu verstehen. Die Imago der Frau, also die Vorstellung vom Mann in der Frau nennt Jung „Animus".

Der Mann projiziert in seine „Anima" alle seine unbewußten inneren Einstellungen. Die Frau als reale Person wird die Trägerin dieser Projektion. Die „Anima" ist also ein Mischbild zwischen dem Objekt und der subjektiven Reaktion des Mannes auf dieses Objekt.

Ähnlich mit umgekehrtem Vorzeichen verhält es sich mit dem „Animus" der Frau. Zum Unterschied von der „Anima" aber kommt der „Animus" bei der Frau meistens in der Mehrzahl vor. Das heißt, die Frau hat mehrere Imagines männlichen Charakters, während der Mann meist nur eine weiblichen Charakters besitzt. Daraus folgt aber nicht etwa, daß die Frau polygam und der Mann monogam sei. Sondern umgekehrt ist die Einzigkeit der männlichen „Anima" gerade dadurch bedingt, daß der Mann sich bewußt fast niemals auf einen Menschen allein richtet, während die Frau normalerweise bewußt einen einzigen Menschen, in der Regel also den Mann als Gegenpartner erlebt. Es ist also eine Kompensation, wenn der mehrseitig gebundene Mann bloß eine „Anima", die eher einseitig gebundene Frau aber den „Animus" in der Mehrzahl hat.

Der „Animus" personifiziert sich in der Regel in Bildern reiner Männlichkeit, vom Sport- und Kinohelden bis zum höchsten Geistesheroen. Die Gestaltung der „Anima" beim Manne erfüllt die Literatur und namentlich die Liebesliteratur aller Zeiten, Sprachen und Völker.

„Anima" und „Animus" werden von Jung als „Seelenbilder" bezeichnet und verstanden. Das heißt, sie repräsentieren „die innere Einstellung, also die Art und Weise, wie sich einer zu den inneren psychischen Vorgängen verhält".

Jung und seine Schule haben sich vielfach sehr eingehend mit früheren Epochen und geistigen Strömungen beschäftigt. Jung strebt aus dem Bereich der modernen abendländischen Kultur hinaus in andere Kulturräume und andere Kulturepochen. Wir haben schon darauf hingewiesen, daß er selbst Forschungsreisen zu primitiven Völkern unternahm. Er hat sich in fruchtbarer Weise mit ostasiatischer Philosophie und Wissenschaft beschäftigt. Seine Terminologie stammt zu einem sehr großen Teil aus dem mittelalterlichen Sprachschatz. Und er hat in besonderer Weise seine Aufmerksamkeit der Alchemie und der Astrologie zugewendet, deren Wissenschafts-Charakter ja im allgemeinen heute geleugnet wird. Jung hat es allerdings nicht unternommen, die Alchemie und die Astrologie als Wissenschaften wiederzubeleben. Aber sie sind ihm Schatzkammern an Projektionen und an Archetypen. Er findet in ihnen und ihren Vorstellungen und Begriffen das wieder, was er im Seelenbereich zu finden unternahm, etwa so, wie er es in gewissen kultischen Geräten und Bildern weit entfernter Kulturen sieht.

So verstanden, läßt sich gegen diese Wiederbeschäftigung mit solchen früheren Denk- und Wissensgebieten – eine große Tat und Leistung – zweifellos nichts einwenden. Freilich muß man die Frage aufwerfen, ob nicht in der großen Zahl jener, die Jungs Lehre folgen und in ihr in jeder denkbaren Beziehung die einzige, die „Heilslehre" sehen, viele sein mögen, denen die Klarheit und vielleicht auch die Bereitschaft fehlt, diese Dinge im Sinne des Meisters zu verstehen. Sicher werden sehr viele die Mystik mehr oder weniger wörtlich verstehen wollen und die Grenze zwischen Symbol oder Projektion einerseits und gänzlich irrationaler Mystik andererseits nicht einhalten.

6. Die Methoden Jungs. Übertragung. Traumdeutung

Die Technik, deren sich Jung und seine Schule bei der therapeutischen Arbeit bedient, geht an sich aus von der Annahme Freuds, daß es ein unbewußtes Seelenleben gebe, das von entscheidender psychologischer Bedeutung ist.

Auch Jung muß dieses Unbewußte aufdecken und sich dazu bestimmter Methoden bedienen, die im wesentlichen dieselben sind, wie sie Freud ausgebildet und gelehrt hat. Dazu gehört vor allem die Ausnützung der Assoziation – die Assoziationsmethode wurde von Jung noch vor seiner Verbindung mit Freud selbständig ausgearbeitet –, des freien Einfalls, auch der Fehlleistungen, die klärende Beschäftigung mit den Symbolen und vor allem die Traumdeutung.

In allen diesen Methoden hat Jung manches verändert oder ihnen hinzugefügt, was im einzelnen hier nicht weiter auseinandergesetzt werden soll, so weit es sich nicht um die besonders wichtige Traumdeutung handelt.

Anders als Freud faßt Jung den Sachverhalt und die Bedeutung der sogenannten „Übertragung" auf, die zwischen Therapeut und Patient besteht. Er erklärt sie an sich nicht für so bedeutsam, wie Freud dies lehrt. Darin liegt einer der Hauptgründe, warum sich eine wissenschaftliche Kluft zwischen den beiden Lehren öffnete. Gleichwohl bestreitet Jung nicht, daß ein bestimmtes, besonders betontes Verhältnis zwischen Arzt und Patient, ein besonderer persönlicher Kontakt vorhanden ist und vorhanden sein muß. Er fordert aber, daß dieses „Übertragungsverhältnis" von Anfang an schon „aufgelöst", das heißt weganalysiert werden müßte. Im übrigen ist nach ihm das Verhältnis zwischen Arzt und Patient ungefähr so, wie es nach der Adlerschen Lehre ist: ein Zusammenarbeiten auf gleicher Ebene. Es ist ein „Zusammentreffen zweier Persönlichkeiten". Der Arzt muß „Rechenschaft von sich geben, genau das, was er auch von seinem Patienten verlangt".

In dieser Beziehung geht Jung wiederum ganz andere Wege als Freud und Adler, die beide verlangen, daß der Arzt in keiner Weise persönlich sich exponieren oder gar engagieren dürfe. Jung hingegen teilt dem Therapeuten eine recht aktive Rolle zu und verlangt daher auch – und damit hat er unter allen Umständen und unbedingt recht – vom Therapeuten Besonderes an Persönlichkeit, Format und Lauterkeit. Denn jeder Seelenführer kann den von ihm Geleiteten nur so weit bringen als er selber gekommen ist.

Trotz der theoretischen Gleichstellung von Arzt und Patient in der therapeutischen Arbeit kann aber doch wohl nicht übersehen werden, daß es sich hier dennoch um ein ganz besonders geartetes Verhältnis handelt. Und ebensowenig kann man übersehen, daß eine Gleichheit der Rollen in Wirklichkeit hier gar nicht möglich sein kann, um so weniger als ja auch Jung dem Therapeuten sogar in besonderem Maße die leitende, wegweisende Rolle zuteilt.

In sachlicher Beziehung betont Jung, im Gegensatz zu Freud und in näherer Übereinstimmung mit Adler, die finale Einstellung. Das heißt, nicht die ursächliche Ausgangssituation einer psychischen oder neurotischen Entwicklung, sondern deren Entwicklungsziel findet er unbedingt in der Ganzheit der Psyche. Es geht ihm dabei immer um die Erfassung des individuellen Problems.

Freilich muß dazu bedacht werden, was in einem früheren Zusammenhange schon angedeutet wurde, daß das persönliche „Problem", also das Entwicklungsziel der Charakterganzheit, doch unbedingt kausal, also von den verursachenden Umständen des Beginnes der Entwicklung bestimmt ist. Die finale Auffassung birgt notwendig in sich auch eine kausale, ebenso wie umgekehrt ein kausaler Betrachtungswinkel notwendig auch zu einer irgendwie finalen Gesamtauffassung führen muß.

Und schließlich wird in der Wirkung der Jungschen Therapie auch unausweichlich an diese kausalen Ausgangsfakten herangegangen. Das Ziel der therapeutischen Arbeit umfaßt auch, genau so wie bei Freud, die Aufdeckung und das Erleben dieser ursprünglichen und in gewissem Sinne urtümlichen Sachverhalte.

Während aber Freud das Sexuelle besonders betont, wenn auch, wie wir sahen, in einem sehr umfassenden Sinne, und während Adler das fast alleinige Gewicht auf den Faktor des Machtstrebens legt, ist Jung durchaus bereit, je nach dem besonderen Fall entscheidende Faktoren anzunehmen und sich danach zu verhalten. Und er fügt außerdem als besonders wichtige Entwicklungsfakten hinzu das Geistige und das Religiöse. Damit wird das allzu einfache Skelett des Charakters bereichert und aufgefüllt.

Wir sagten schon, daß ebenso wie bei Freud die Deutung der Träume eine besonders wichtige Rolle auch für Jung und seine Lehre spielt. Er bedient sich dabei wiederum in der Hauptsache der Methoden Freuds, also der freien Assoziation und der Symboldeutung.

Jung selbst hat einen Begriff ausgearbeitet, dem er und seine Schule besondere Bedeutung beimessen: den Begriff des „Komplexes" und die damit verbundene Komplextheorie. Nennt doch Jung sogar seine Lehre auch „komplexe Psychologie".

Unter Komplex versteht Jung seelische Inhalte, die gefühlsbetont sind und die einesteils auf ein Erlebnis tatsächlicher Art zurückgehen, andernteils diesem Erlebnis eine ganz bestimmte persönliche Disposition entgegenbringen. Und daraus ergeben sich nun zahlreiche Assoziationen, die bei neuen Erlebnissen oder Reizen sich einstellen. Die schon erwähnte frühere Lehre Jungs von den „Assoziationen" ist sehr geeignet, solche Komplexe auch offenbar zu machen. Als Beispiel etwa das folgende: Wenn man einer Versuchsperson bestimmte Worte nennt, auf die sie so rasch als möglich mit irgendeinem assoziierten Wort zu antworten hat, so findet man immer, daß dort, wo auf solche Art Komplexe wirksam werden, die Reaktionszeit eine längere ist. Nun hat man einer Versuchsperson etwa vierzehn Reizworte nacheinander genannt und die Reaktionsantworten erhalten. Unter diesen vierzehn Reizworten wurden die längsten Reaktionszeiten festgestellt bei den Worten „Wasser", „Schiff", „See" und „schwimmen". Es ergab sich, daß die Versuchsperson einmal Selbstmord durch Ertränken ernstlich beabsichtigt hatte, daß also bei ihr ein „Selbstmordkomplex" und vielleicht ein „Wasserkomplex" vorhanden war.

Diese Komplextheorie wendet Jung bei seinen Untersuchungen des Unbewußten und daher auch bei seiner Traumdeutung an.

Grundsätzlich erscheint ihm der Traum als eine Kompensationsleistung, also als die dem Bewußten entgegengesetzte und es ergänzende Manifestation des Unbewußten. Der Traum sei „die spontane Selbstdarstellung der aktuellen Lage des Unbewußten in symbolischer Form".

Dabei verwendet der Traum also Symbole. Jung faßt das Symbol als eine energetische Erscheinung auf. Es drückt einen Tatbestand, den wir nicht ohne weiteres zu formulieren vermögen, in Form eines Bildes aus und verwendet hierzu und verwandelt dabei seelische Energie.

Der Hauptunterschied in der Traumdeutung zwischen Jung und Freud aber liegt in folgendem: Jung führt einerseits ganz ähnlich wie Freud die Traumerscheinungen und Traumsymbole auf reale Sachverhalte zurück. Es sind bestimmte wirkliche Erlebnisse oder reale Gegenstände oder Personen, die als solche im Traum erscheinen und dabei zugleich nach dem merkwürdigen Vorgang der Traumdynamik auf andere, ebenfalls reale Erlebnisse und Personen hinweisen können. Ich träume etwa von einem Haus. Dieses Haus ist das Haus, in dem ein Freund wohnt, mit dem ich ein bestimmtes Erlebnis hatte, und so führt die Traumerscheinung des Hauses weiter zu anderen realen Erlebnissen. Ein Traumgegenstand kann aber auch, so betrachtet, als Symbol auftreten, so etwa besonders in der Gestalt der sogenannten Sexualsymbole. Zum Beispiel kann ein Auto oder ein Eisenbahnzug, von dem ich träume, als Sexualsymbol verstanden werden. Diese Art der Deutung des Traumes nennt Jung „Deutung auf der Objektstufe".

Jung kennt und lehrt aber auch eine gänzlich andere Art der Traumdeutung, nämlich „die Deutung auf der Subjektstufe". So betrachtet erweisen sich ihm die Trauminhalte als Darstellung rein subjektiver seelischer und nicht etwa realer Sachverhalte.

Um dies an einem Beispiel zu erläutern, bringen wir einen Traum, von dem Gerhard Adler in seinem Buch „Entdeckung der Seele" (Zürich 1934, S. 137) berichtet: Ein Mann träumt, er fahre mit einer nicht näher gekennzeichneten Frau im Auto. Die Frau lenkt das Auto. Dann steigt sie aus. Das Auto fährt sodann unaufhaltsam rückwärts und bringt den Träumer in eine große Gefahr. Dann kommt die Frau zurück und bringt das Auto mit einem Griff zum Stehen. – Auf der Objektstufe gedeutet, würden sicherlich persönliche Erlebnisse und Erinnerungen in der Situation und in den Gegenständen und Personen des Traumes (Frau, Auto, Haus, Gefahr etc.) entlarvt werden können. Möglicherweise könnte eine bestimmte erotische Situation darin aufgedeckt werden. – Auf der Subjektstufe gedeutet aber liegt die wesentliche Bedeutung des Traumes darin, daß der Träumer ohne die Lenkung seiner „Anima" in Gefahr ist, sein Leben zu zerstören. In der Frau des Traumes ist also neben ihrer möglicherweise realen Persönlichkeit der rein subjektive Sachverhalt der „Anima" des Träumers im Traum erschienen.

Durch diese Subjektstufen-Deutung kommt Jung im Gegensatz zu Freud zum Verständnis des Traumes als „Selbstabbildung des psychischen Lebensprozesses" oder „als Selbstdarstellung von unbewußten Entwicklungen". Die Traumsymbole sind dann nicht bloß Verhüllungen, sondern Gleichnisse für die Veränderung psychischer Situationen und als „eine im Unbewußten auftretende Anticipation zukünftiger bewußter Leistungen" zu verstehen.

Allerdings darf der Arzt solche Deutungen nicht zu früh aussprechen. Vielmehr ist es vor allem Sache des Patienten, selbst zu deuten. Er hat in einer wesentlich aktiveren Weise, als dies

Freud oder Adler verlangen, mitzuarbeiten, obgleich andererseits Jung auch dem Arzt eine aktivere Rolle zuteilt.

Das Ziel und die Aufgabe aller Psychotherapie ist nach Jung die Erforschung des eigenen „Selbst", die sich also nicht auf das bewußte Ich allein beschränkt. Solche „Selbst"-Forschung aber kann, wie Jung lehrt, ohne innere Gefährdung nicht allein versucht werden. Sie bedarf der Zusammenarbeit mit einem Zweiten, dem Therapeuten.

Aber nicht nur für Personen, deren seelische Entwicklung oder Situation in irgendeiner Weise gestört ist, ist diese „Selbst"-Forschung notwendig. Auch viele, an sich durchaus gesunde, also ungestört funktionierende Menschen können auf diesem Wege zur vollen persönlichen Entfaltung gelangen, zur „Individuation".

Auch in diesem Sinne wird Jungs Lehre von seinen Anhängern als „Heilslehre" angesehen, die imstande sei, nicht nur Heilung von seelischen Schwierigkeiten und Beeinträchtigungen, sondern die Erreichung des persönlichen Glücks und Heils zu vermitteln.

7. Jungs psychologische Typen. Introversion und Extraversion

Die Charakterologie hat Jung noch eine besondere Leistung und Bereicherung zu verdanken, die zum Teil außerhalb des rein therapeutischen Aufgabenbereiches liegt. Es ist dies die Lehre von den „psychologischen Typen".

Schon seit dem Altertum ist es immer ein nie aufgegebenes Anliegen der Psychologie gewesen, die Menschen je nach ihrem Verhalten und ihrer seelischen Beschaffenheit in Gruppen zusammenzufassen, deren Angehörige untereinander ähnlich und von den Angehörigen anderer Gruppen in kennzeichnender Weise unterschieden sind. Die immer noch populärste Einteilung der Menschen in die vier „Temperamente", sanguinisch, cholerisch, phlegmatisch und melancholisch, stammt ja von dem altrömischen Arzt Galenus, der seinerseits auf Hippokrates zurückgreift.

Es ist nicht unsere Aufgabe und Absicht, eine Geschichte der Typenlehre zu schreiben. Es hat sich immer wieder bei der naiven wie der systematischen Beurteilung der Menschen ein Gegensatz zwischen realistischen und idealistischen, zwischen Tat- und Geistmenschen, zwischen Naiven und Sentimentalischen herausgestellt. Und dieser letztere kennzeichnende Gegensatz wurde von Jung in einer bedeutsamen Lehre verarbeitet.

Jung unterscheidet je nach der Art, wie ein Mensch sich mit der Außenwelt auseinandersetzt oder sich ihr anpaßt, wie das Äußere auf ihn wirkt und wie seine Reaktionen auf äußere Erlebnisse oder Reize sind, zwei große Gruppen oder „Typen". Er kennt einen extravertierten Typus, Menschen, die „nach außen hin gewendet" leben und erleben. Sie sind in ihrem Erleben und Verhalten, also zuletzt auch in ihrem Schicksal, soweit dieses psychologisch bedingt ist, durch die Realität, durch das Objekt selbst unmittelbar bestimmt. Sie sind, grob gesagt, also Realisten. Sie stehen der Welt, der Wirklichkeit und den Menschen gegenüber in durchaus naiv-realistischer Einstellung. Sie sehen die Dinge und die Menschen so, wie sie sind. Und sie verhalten sich zu ihnen oder reagieren auf ihre Einwirkung entsprechend ihren Kräften zweckmäßig und realistisch, man könnte sagen, vernünftig. Der Extravertierte ist daher fähig zu einer guten Anpassung nach außen, in biologischer wie in soziologischer Hinsicht, den Anforderungen des Lebens wie denen der Gesellschaft gegenüber. Die Realität bestimmt sein Handeln und sein inneres Leben. Er ist der Praktische. Er findet sich im Leben zurecht. Er stimmt mit der Außenwelt überein, aber es kann sein, daß er andererseits seine subjektiven körperlichen wie seelischen Notwendigkeiten, die weniger real und äußerlich sind, übersieht oder gar vernachlässigt. Er kann an Dingen, denen eine ideelle und keine reale Bedeutung zukommt, achtlos vorüberleben, ohne sie zu kennen und jedenfalls ohne sie zu schätzen.

In durchaus entgegengesetzter Art ist der „Introvertierte" weit mehr als durch die Realität des Objekts durch sein eigenes Inneres, durch sein Subjekt, durch sein Ich bestimmt. Er lebt nicht nach außen, er ist vielmehr „nach innen gewendet". Die Dinge und die Menschen um ihn werden von ihm nicht so, wie sie real und objektiv sind, nicht in ihrer Wirklichkeit gesehen oder erlebt. Er sieht und erlebt sie vielmehr gewissermaßen durch Brillen. Sie sind ihm das, was sie ihm selbst sind. Er erfaßt und beurteilt sie subjektiv, nach seiner Art und nicht nach der ihren.

Aber nicht nur im Erkennen und Beurteilen, sondern auch in der Reaktion verhält sich der Introvertierte subjektiv. Das, was in ihm ist, bestimmt auch seine Reaktion und sein Verhalten, und nicht das, was von der Wirklichkeit als zweckmäßig erfordert wäre. Das Objekt ist nicht, wie beim Extravertierten, der unmittelbare Anlaß einer zweckbestimmten Reaktion. Vielmehr löst es Reaktionen aus, die in durchaus persönlich bestimmter Art verlaufen.

Der Introvertierte ist daher nicht gut an die äußere Welt und ihre Notwendigkeit angepaßt. Er wird sehr häufig in der Wirklichkeit als „Idealist", als weltfremder, als unpraktischer Mensch versagen. Er kann auch leicht innerhalb der Gesellschaft abgesondert, sei es ausgestoßen, sei es eigenbrödlerisch zurückgezogen, alleinstehen.

Diese beiden entgegengesetzten Grundtypen des Extravertierten und des Introvertierten sind, wie man leicht erkennt und bei auch nur einiger Erfahrung feststellen muß, in der Wirklichkeit keineswegs rein und ungemischt aufzufinden. Die Jungsche Typenlehre unterscheidet sich in dieser Hinsicht nicht von den anderen Typenlehren, von denen es ja eine große Zahl gibt. Keine Typenlehre hat bis jetzt vermocht, alle Menschen ausnahms- und vorbehaltslos zu gruppieren, so wie beim jüngsten Gericht links die Böcke und rechts die Schafe verteilt werden sollen. Immer hat der Bock auch Eigenschaften des Schafes und das Schaf auch Eigenschaften des Bockes. Wir wissen ja sogar, daß die scheinbar vollkommene Trennung der Menschen in die beiden Geschlechter Mann und Weib durchaus nicht wirklich vollkommen ist. Wir kennen nicht nur körperliche Zwischen- und Mischstufen zwischen Mann und Weib, sondern wissen seit langem, daß beinahe ausnahmslos in jedem Mann auch weibliche seelische Eigenschaften bestehen, und umgekehrt, daß jedes Weib in irgendeiner Beziehung auch männlich sein kann.

Man darf also nicht erwarten, daß die Typenteilung von Jung in Extraversion und Introversion bei jedem Einzelmenschen ohne weiteres anwendbar ist. Vielmehr gibt es Menschen, die beide Einstellungen in sich vereinigen. Man muß sogar die Psyche, die beider Einstellungen, je nach der Notwendigkeit der Situation, fähig ist, als Idealfall bezeichnen.

Aber ungeachtet dieser unvermeidlichen und notwendigen Einschränkung, daß es nämlich reine Typen überhaupt nicht gibt, ist die Jungsche Typenlehre psychologisch, aber auch praktisch von großer Wichtigkeit und Bedeutung. Sie ermöglicht bei der Beurteilung der Menschen und ihrer vermutlichen Verhaltensweise recht sichere Schlüsse zu ziehen, wenn man sich nur davor hütet, sich allzu viel Sicherheit davon zu erwarten.

Aber Jung bleibt nicht bei der relativ einfachen Zweiteilung stehen. Er unterscheidet, unabhängig von der erwähnten Typen-Zweiteilung vier sogenannte Grundfunktionen in der Reaktion und Anpassung, und zwar: zwei rationale Funktionen, nämlich Denken und Fühlen, und zwei irrationale Funktionen, nämlich Empfinden und Intuieren.

Denken ist nach Jung diejenige psychische Funktion, „welche, ihren eigenen Gesetzen gemäß, gegebene Vorstellungsinhalte in (begrifflichen) Zusammenhang bringt". Mit dieser Definition ist allerdings nur ein Teil des Begriffes Denken wirklich erfaßt. Nicht berücksichtigt ist darin der gleichfalls dazugehörige Tatbestand der Begriffsbildung und Begriffsabgrenzung. Andererseits ist der bloße „begriffliche Zusammenhang" der Vorstellungsinhalte noch nicht die Funktion des Denkens. Dieses Zusammenbringen der Vorstellungsinhalte oder besser gesagt der Begriffsinhalte ist vielmehr ein zweckhafter Vorgang. Daß das Denken zwei oder mehrere Begriffe miteinander in Beziehung setzt, führt dazu, daß dadurch der Denkende eine Lösung der durch die vorhandenen Begriffsinhalte oder Sachverhalte gegebenen Problemstellung erlangt. Sinn und Funktion des Denkens ist es, Neulösungen zu finden (William Stern). Dies kommt in der Jungschen Definition nicht zum Ausdruck.

Unter Fühlen oder Gefühl versteht Jung jene Funktion, mit deren Hilfe dem Objekt ein bestimmter Wert für das Ich zugewiesen wird, und zwar als „Lust" im Sinne des Annehmens oder als „Unlust" im Sinne des Zurückweisens durch das Ich. Fühlen kann aber auch als „Stimmung" auftreten und ist auch dann eine Wertung, aber nicht bloß die eines bestimmten einzelnen Bewußtseinsinhaltes, sondern der ganzen momentanen Bewußtseinslage.

Das Fühlen kann auch zu einer Art des Urteilens führen, jedoch nicht wie das Denken als begriffliche Beziehung, sondern als subjektives Annehmen und Ablehnen. Das Denken und das Fühlen sind beide rational, das heißt „vernünftig", der Vernunft entsprechend. Dabei ist Vernunft nach Jung „jene Einstellung, deren Prinzip es ist, das Denken, Fühlen und Handeln gemäß objektiven Werten zu gestalten". Die Vernunft regelt also die „richtige" Einstellung und Anpassung.

Im Gegensatz zu diesen beiden rationalen Funktionen stehen die beiden irrationalen Grundfunktionen des Intuierens und des Empfindens.

Intuition ist nach Jung diejenige psychologische Funktion, die „Wahrnehmungen auf unbewußtem Wege vermittelt". Sie ist eine „Art instinktiven Erfassens gleichviel welcher Inhalte". Hier „präsentiert sich irgendein Inhalt als fertiges Ganzes, ohne daß wir zunächst fähig wären anzugeben oder herauszufinden, auf welche Weise dieser Inhalt zustandegekommen ist". Diese Definition erscheint zwar sehr anschaulich. Aber sie umfaßt auch die auf Übung und Erfahrung beruhende Verkürzung des Wahrnehmungsvorganges. Und diese hat nichts zu tun mit jener Intuition, die Spinoza als „scientia intuitiva" für die höchste Form der Erkenntnis hält oder mittels deren wir uns nach Bergson „in das Innere eines Gegenstandes versetzen, um auf das zu treffen, was er an Einzigem und Unausdrückbarem besitzt".

Als zweite irrationale Grundfunktion gilt nach Jung das Empfinden, „welches einen physischen Reiz der Wahrnehmung vermittelt". Es ist in erster Linie Sinnesempfindung und wird durch die Sinnesorgane zustandegebracht. Als Elementarphänomen ist das Empfinden nicht den Grundsätzen der Vernunft unterworfen, also irrational.

Diese vier Grundfunktionen kommen nicht immer so vor, daß eine davon jede andere ausschließt. Vielmehr haben die meisten Menschen neben ihrer für sie kennzeichnenden Hauptfunktion mindestens noch eine zweite sogenannte Hilfsfunktion, rational, wenn die Hauptfunktion irrational ist, und umgekehrt. Es kann also ein rationaler Denker auch intuitiv sein und umgekehrt.

Für die vier Grundfunktionen gilt also das Gesetz, daß sie sich gegenseitig kompensieren können, ebenso wie das Bewußte durch das Unbewußte, die Introversion durch die Extraversion, die Extraversion durch die Introversion jeweils ausgeglichen werden kann.

Sowohl der extravertierte Typus wie auch der introvertierte kann nun im individuellen Fall jeweils durch eine dieser Grundfunktionen gekennzeichnet sein. Wir können es also mit einem extravertierten Denktypus oder einem extravertierten Gefühlstypus, mit einem introvertierten Denker oder einem introvertierten Gefühlstypus zu tun haben. Aus der Kombination der beiden Haupttypen und den vier Grundfunktionen ergibt sich für die Jungsche Psychologie eine große Anzahl sehr interessanter Möglichkeiten oder Untertypen.

Der *Denk-Typus* in seiner extravertierten Form zeigt: logisches Denken, das auf objektiven Grundlagen aufbaut. Das Denken ist unpersönlich, objektiv, methodisch, real angepaßt. Der Denktypus dieser Art lernt leicht, auch durch Erfahrung, und assimiliert leicht. Seine Urteile sind unbeugsam. Er kann zuhause als Haustyrann auftreten. Ein gefühlsarmer Moralist, der doch unter Umständen sentimental erscheinen kann, mit starker Eigenliebe.

In der introvertierten Art zeigt der Denktypus starke Neigung zu spekulativen Ideen, zur Theorie, zu abstraktem und dabei bildhaftem Denken. Tatsachen erscheinen ihm lediglich zum Beweis der Theorie gegeben. Er denkt mit äußerster (formaler) Logik, ist in den Urteilen starr, dogmatisch, als Mensch immer reserviert, doch kann er seine Ideen anderen aufdrängen.

Der *Fühl-Typus* in seiner extravertierten Art erscheint im besten Einvernehmen mit seiner Umgebung, wirkt sehr sympathisch, ansprechend, herzlich, warm, populär, spricht das aus, was er denkt, wird kaum von Gefühlen verwirrt und weiß mit Menschen genau Bescheid.

In der introvertierten Form finden sich beim Fühltypus Angst vor Einsamkeit, starke Abhängigkeit vom Gegenspieler, namentlich bei Frauen in ihrer Ehe. Auf den andern wird affektvoll projiziert, was Wunschziel ist. Leidenschaftliche Affekte sind da, oft verborgen, es ist das, was man „ein stilles, tiefes Wasser" nennen kann.

Der *„Empfindungs-Typus"* zeigt in der extravertierten Art einen stark ausgeprägten objektiven Tatsachensinn. Nur Tatsachen gelten. Glaubt er aber eine solche zu fassen, dann kann er leichtgläubig und kritiklos, ja abergläubisch reagieren. Sonst erscheint ihm alles, was von innen kommt, als krankhaft und verwerflich, er versteht es nicht. Genuß muß konkret sein. Meist ist er erfolgreich und tüchtig, weil er viele Probleme einfach übergeht und vereinfacht sieht.

In der introvertierten Form ist er stark mit sich selbst beschäftigt, empfindet die innerkörperlichen Vorgänge sehr intensiv. Er ist sehr empfindlich, übermäßig feinfühlig. Er hat eine starke Neigung zu Blumen, schönen Dingen, ästhetischem Genuß, liebt es, die Außenwelt animistisch, also persönlich lebendig zu erleben.

Der *Intuitions-Typus* in extravertierter Art zeigt eine starke Witterung für neue Möglichkeiten. Immer sucht er Neues zu finden, lebt mehr in der Zukunft oder auch in der Vergangenheit als in der Gegenwart. Das Unbekannte zieht ihn an. Er plant gerne, auch konkret, kann sich aber dabei verzetteln, so daß andere ernten, was er sät.

Der introvertiert eingestellte Intuitive legt auf die Verwirklichung seiner Ideen, Träumereien, Gesichte wenig Wert, ermangelt des Wirklichkeitssinnes, vernachlässigt oft seine Person, kann bizarr und maßlos erscheinen, der Typus des Propheten, Religionsstifters, Gelehrten, Dichters, Mystikers.

Jungs Lehre von den Typen steht nicht eigentlich in unmittelbarem Zusammenhang mit seiner sonstigen Psychologie. Beide Lehren aber ergänzen sich in fruchtbarer Weise.

ABSCHLIESSENDE BEMERKUNG

In dieser Darstellung der Grundzüge der Tiefenpsychologie wurden nur die Lehre Sigmund Freuds, die Psychoanalyse, und die beiden ursprünglich mit dieser verbundenen, bald aber sich abspaltenden Schulen der Individualpsychologie Alfred Adlers und der analytischen Psychologie C. G. Jungs behandelt. Nicht dargestellt wurden die verschiedenen neueren Zweige am Baum der Psychoanalyse.

Hinzuweisen wäre auf die unter der Bezeichnung Neopsychoanalyse arbeitenden Richtungen, die von Karin Horney, Erich Fromm, S. Sullivan, Schultz-Hencke gewiesen wurden, und auf die Daseins-Analyse (Med. Boss) sowie die Existenz-Analyse (V. E. Frankl). Diese alle kann man, ohne ihre Bedeutung zu beeinträchtigen, als Sprößlinge der Psychoanalyse Freuds ansehen. Sie betonen manche Gesichtspunkte stärker, die sich in jener schon finden, so vor allem, in den neopsychoanalytischen Schulen, die Bedeutung des sozialen und des kulturellen Elements.

Im ganzen erweist es sich, daß die geniale Konzeption Freuds und das fast ausschließlich seiner persönlichen Arbeit zuzuschreibende Gebäude seiner Lehre tragfähig und fruchtbar geblieben sind, trotz der seit Freuds Auftreten unsere Welt epochal verändernden Entwicklungen.

Diese Einsicht muß den Respekt vor der ungeheuren geistigen und geistesgeschichtlichen Leistung Freuds steigern – was leider nicht immer erkennbar wird. Nicht zuletzt unter diesem Gesichtspunkt wurden hier die oft verborgenen Gemeinsamkeiten der tiefenpsychologischen Schulen in ein helleres Licht gesetzt.

BÜCHERANZEIGEN

BECK'SCHE SCHWARZE REIHE

Die zuletzt erschienenen Bände

70 A. Gosztonyi, *Der Mensch in der modernen Malerei.* Versuche zur Philosophie des Schöpferischen
71 G. Anders, *Der Blick vom Mond.* Reflexionen über Weltraumflüge
72 R. Zippelius, *Geschichte der Staatsideen*
73 H. Richtscheid, *Verteidigung der Philosophie als Kunst der Selbstbehauptung*
74 *Politische Wissenschaft heute.* 12 Beiträge. Hrsg. L. Reinisch
75 H. Seiffert, *Marxismus und bürgerliche Wissenschaft*
76 W. Killy, *Bildungsfragen*
77 E. Forsthoff, *Der Staat der Industriegesellschaft*
78 K.-G. Faber, *Theorie der Geschichtswissenschaft*
79 W. Strombach, H. Emde, W. Reyersbach, *Mathematische Logik.* Ihre Grundprobleme in Theorie und Anwendung
80 R. Zippelius, *Einführung in die juristische Methodenlehre*
81 G. Ionescu, I. de Madariaga, *Die Opposition.* Ihre politische Funktion in Vergangenheit und Gegenwart
82 J. Robinson, *Die Gesellschaft als Wirtschaftsgesellschaft.* Grundlagen und Entwicklung
83 R. Hepp, *Selbstherrlichkeit und Selbstbedienung.* Zur Dialektik der Emanzipation
84 *Gott in dieser Zeit.* 6 Beiträge. Hrsg. L. Reinisch
85 J. P. Mayer, *Alexis de Tocqueville.* Analytiker des Massenzeitalters
86 G. Anders, *Endzeit und Zeitenende.* Gedanken über die atomare Situation
87 *Chinas große Wandlung.* Revolutionäre Bewegungen im 19. und 20. Jahrhundert. 8 Beiträge. Hrsg. P. J. Opitz
88 H. Friedrich, *Im Narrenschiff des Zeitgeistes.* Unbequeme Marginalien
89 *Philosophische Anthropologie heute.* 11 Beiträge. Hrsg. R. Roček und O. Schatz
90 R. Goll, *Der Evolutionismus.* Analyse eines Grundbegriffs neuzeitlichen Denkens
91 A. Gosztonyi, *Grundlagen der Erkenntnis*
92 E. Knaul, *Glanz und Elend des Fortschritts*
93 *Weltliteratur und Volksliteratur.* Probleme und Gestalten. 8 Beiträge. Hrsg. A. Schaefer
94 M. Butor, *Essays zur modernen Literatur und Musik*
95 K. P. Hensel, *Grundformen der Wirtschaftsordnung.* Marktwirtschaft – Zentralverwaltungswirtschaft
96 G. Schiwy, *Strukturalismus und Zeichensysteme*
97 H. W. Koch, *Der Sozialdarwinismus*
98 R. W. Füßlein, *Mensch und Staat*
99 J. Tern, *Der kritische Zeitungsleser*
100 A. Hauser, *Kunst und Gesellschaft*
101 *Berufsbilder heute*
102 W. Förster, *Das Rassenproblem in den USA*
103 R. R. Pokorny, *Grundzüge der Tiefenpsychologie*
105 H. Schelsky, *Systemüberwindung, Demokratisierung und Gewaltenteilung*

Ein Sonderprospekt liegt vor

VERLAG C. H. BECK

ANTHROPOLOGIE UND PSYCHOLOGIE
IN DER BECK'SCHEN SCHWARZEN REIHE

Rudolf Werner Füßlein: Mensch und Staat
Grundzüge einer anthropologischen Staatslehre. 189 Seiten. (Band 98)

Alexander Gosztonyi: Der Mensch und die Evolution
Teilhard de Chardins philosophische Anthropologie. 264 Seiten. (Band 54)

Alexander Gosztonyi: Der Mensch in der modernen Malerei
Versuche zur Philosophie des Schöpferischen. 227 Seiten. (Band 70)

Michael Hochgesang: Mythos und Logik im 20. Jahrhundert
Eine Auseinandersetzung mit der neuen Naturwissenschaft, Literatur, Kunst und Philosophie. 2. Auflage. 162 Seiten. (Band 38)

Eckart Knaul: Glanz und Elend des Fortschritts
173 Seiten. (Band 92)

Philipp Lersch: Der Mensch als Schnittpunkt
Fragen der Psychologie und Anthropologie der Gegenwart. 176 Seiten. (Band 62)

Menschenzüchtung
Das Problem der genetischen Manipulierung des Menschen. Acht Beiträge von F. Wagner, W. Heitler, A. Portmann, G. H. Schwabe, W. Kütemeyer, K. Rahner, F. Vonessen und G. Strickrodt. Hrsg. Friedrich Wagner. 2. Auflage. 255 Seiten. (Band 63)

Philosophische Anthropologie heute
Elf Beiträge von O. F. Bollnow, E. Fromm, A. Gehlen, A. Gosztonyi, H. E. Hengstenberg, H. Plessner, A. Portmann, W. J. Revers und G. Schiwy. Herausgegeben von Roman Roček und Oskar Schatz. 214 Seiten. (Band 89)

VERLAG C.H.BECK